# 영원한 지금

# 영원한 지금

폴 틸리히 지음 | 김광남 옮김

뉴라이프

## 영원한 지금

지은이 | 폴 틸리히
옮긴이 | 김광남
펴낸이 | 윤순식

초판 발행 | 2008년 9월 15일
펴낸곳 | 뉴라이프
등록번호 | 제396-2007-000150호
등록일 | 2008년 1월 22일
주소 | 경기도 고양시 일산구 장항동 573-28
전화 | 031-906-0011 팩스 | 031-906-0288
이메일 | cwpub@hanmail.net

값 11,000원
ISBN 978-89-960743-2-8

본서의 한국어판 저작권은 뉴라이프에 있습니다.
저작권법에 의해 한국 내에서 보호를 받는 저작물이므로
무단 전재와 복제를 금합니다.

# The Eternal Now

by Paul Tillich

# 머리말

이 책에 실린 설교들 대부분은 앞서 나온 『흔들리는 터전』과 『새로운 존재』의 경우와 마찬가지로 내가 몇 대학의 채플에서 행한 것들입니다. 이 설교들은 1955에서 1963년 사이에 행한 것들입니다.

제2부에 실린 한 설교에서 취한 "영원한 지금"(The Eternal Now)이라는 이 책의 제목은 일시적인 것 가운데 현존하는 영원을 가리키는데, 그것은 이 책의 설교들 대부분에서 강조되고 있습니다. 한때 나는 "성령의 임재"(The Spiritual Presence)라는 보다 무난한 제목도 생각해 보았는데, "성령"이라는 단어가 갖고 있는 여러 가지 부정적인 암시들 때문에 그 제목을 포기했습니다. 이 책에서는 그 안의 모든 문장들이 "성령"이라는 말의 의미를 해석하고 있는 특정한 설교에서만 그 단어를 사용했습니다.

나는 이 설교집이 앞서 나온 두 권의 설교집들처럼, 만약 기독교 메시지가 우리 시대의 언어를 사용한다면, 그것이 추상적인 신학으로 표현되든 구체적인 설교를 통해 표현되든, 우리 시대에 적실한 것이 될 수 있음을 보여 주기를 바랍니다.

나는 엘리자벳 우드 여사에게 깊은 감사를 전합니다. 그녀는 이전의 책들을 위해서 했던 것처럼 이 책을 위해서도 책의 전체적인 형태를 잡아 주는 고되고도 긴요한 작업을 감당해 주었습니다. 나는 깊은 우정으로 나의 성년 시절의 삶의 가장 큰 부분을 풍성하고 깊게 만들어 주었던, 또한 나와 함께 성령의 임재가 분명하게 드러나는 순간들을 경험했던 한 사람을 기억하며 이 책을 그에게 바칩니다.

1963년, 시카고에서
폴 틸리히

# 차례

## 제1부 인간의 곤경

1. 외로움과 고독 / 13
2. 잊음과 잊힘 / 31
3. 불평등이라는 난제 / 48
4. 내가 원하는 바 선은 행치 아니하고 / 68
5. 병든 자를 고치고 마귀를 쫓아내라 / 88
6. 인간과 지구 / 102

## 제2부 하나님의 실재

7. 성령의 임재 / 125
8. 하나님의 이름 / 145
9. 인간을 찾으시는 하나님 / 162
10. 구원 / 180
11. 영원한 지금 / 199

## 제3부 인간에 대한 도전

12. 순응하지 말라 / 219
13. 강건하라 / 237
14. 성숙하게 생각하라 / 254
15. 지혜에 관하여 / 268
16. 범사에 감사하라 / 283

# 제1부

# 인간의 곤경

The Human Predicament

"하나님은 자신의 인간 창조가 실패였다고 여기셨고
새로운 노력을 하셨습니다."

# 1

# 외로움과 고독

²³무리를 보내신 후에 기도하러 따로 산에 올라가시니라 저물매 거기 혼자 계시더니

마태복음 14:23

**"거기 혼자 계시더니."** 우리 역시 마찬가지입니다. 인간은 그가 인간이기 때문에 혼자입니다! 여러 가지 점에서 모든 피조물은 혼자입니다. 모든 별들은 숭고한 고립 속에서 끝없는 우주 공간을 항해합니다. 모든 나무들은 그 자신의 법칙을 따라 그 자신의 독특한 가능성을 실현하면서 성장합니다. 동물들은 각자 자기들의 몸뚱이라는 한계에 국한된 채 혼자서

살고 싸우다 죽습니다. 물론 그들 역시 가족이나 무리 속에서 수놈이나 암놈의 모습으로 살아가고, 어떤 녀석들은 떼를 지어 생활하기도 합니다. 그러나 그들 모두는 혼자입니다! 살아 있다는 것은 모든 다른 육체들과 분리된 하나의 육체 안에 존재한다는 것을 의미합니다. 그리고 분리된다는 것은 혼자라는 것을 의미합니다.

### 홀로 있음, 인간의 본질

이것은 모든 피조물에게 해당되는 진리이지만, 그 어떤 다른 피조물보다도 인간에게 해당되는 진리입니다. 자신의 현실을 인식하는 인간은 자신의 "홀로 있음"(aloneness)에 대해 질문을 제기합니다. 인간은 혼자일 뿐 아니라 자기가 혼자라는 사실을 알기까지 합니다. 그는 왜 자기가 혼자인지 또 자신이 어떻게 그런 홀로 있음을 극복할 수 있는지 묻습니다. 그는 이런 홀로 있음을 견디지 못합니다. 그렇다고 그가 그런 상태에서 벗어날 수 있는 것도 아닙니다. 홀로 있음과 그것을 의식하는 것은 그의 운명입니다.

하나님조차 그에게서 이런 운명을 제거해 주실 수 없습니다. 낙원 이야기에서 우리는 다음과 같은 말씀을 읽습니다. "여호와 하나님이 이르시되 사람이 혼자 사는 것이 좋지 아니하니 내가 그를 위하여 돕는 배필을 지으리라 하시니라"(창 2:18). 그리고 그분은 아담의 몸의 일부를 취해 여자를 지으셨습니다. 여기에는 어떤 오래된 신화 하나가 사용되고 있습니다. 그것은 원래 남자와 여자 사이에는 육체적 분리가 존재하지 않았다는 것, 즉 처음에 그들은 하나였다는 것을 보여 주는 신화입니다.

이제 그들은 다시 하나가 되기를 갈망합니다. 그러나 비록 그들이 서로를 자신의 "살 중의 살"(창 2:23)로 인식할지라도, 그들은 서로에게서 낯섦을 발견합니다. 그 이야기에서는 하나님 자신이 그들에게 이런 사실을 깨닫게 하십니다. 그분은 그들 각자에게 따로 말씀하십니다. 그분은 그들 각자에게 그들의 죄에 대한 책임을 지우십니다. 그분은 그들이 자기를 변호하고 서로를 비난하는 소리에 귀를 기울이십니다. 그분은 그들 각자에게 서로 다른 저주를 선포하시고, 그들이 자기들의 벗음으로 인해 수치를 경험하게 하십니다.

그들은 각각 혼자입니다. 여자의 창조조차 하나님이 "좋지 않다"고 묘사하셨던 인간의 상태를 극복하지 못했습니다. 인간은 여전히 혼자인 채로 남아 있습니다. 여자의 창조는, 비록 그것이 아담에게 조력자를 제공해 주었을지라도, 혼자인 한 인간에게 동등하게 혼자인 또 다른 한 인간을 제공하는 것에 불과했습니다. 그리고 그들에게서 나온 모든 다른 인간들 역시 각각 홀로 서게 될 것입니다.

그러나 우리는 묻습니다. "정말로 그런가? 하나님은 보다 좋은 무언가를 이루지 않으셨는가? 우리의 홀로 있음은 성교(性交)를 통해 제거되지 않는가?" 물론 우리가 교제와 사랑을 나누는 순간에는 그렇습니다. 사랑의 황홀경은 우리의 자아를 다른 자아와의 결합 속으로 빨아들일 수 있습니다. 그럴 때 분리는 극복되는 듯 보입니다. 그러나 그 순간이 지나고 나면 자아와 자아의 고립은 전보다 더 깊게 느껴지고, 때로 그것은 서로에 대한 반감으로까지 이어집니다. 우리는 다른 이에게 많은 것을 주고 난 후 그것을 되찾아오려고 합니다.

자신의 홀로 있음을 보호하려는 우리의 갈망은 수치감을 통해 표현됩니다. 우리는 정신적이든 육체적이든 우리의 내밀한 자아가 드러날 때 수치를 느낍니다. 우리는 아담과 하와가 자신들을 의식하게 되었을 때 그랬던 것처럼 우리의 벗음을 감추려 합니다. 그러므로 남자와 여자는 가장 친밀한 결합의 순간에조차 홀로 남아 있습니다. 만약 사정이 그렇지 않다면, 그들은 서로에게 조력자가 되지 못할 것입니다. 그들은 인간의 공동체를 갖지 못할 것입니다.

바로 그것이 하나님께서 인간을 그의 홀로 있음으로부터 해방시키실 수 없는 이유입니다. 인간이 자기에게 집중하는 것이야말로 인간의 위대성입니다. 인간은 자신이 속한 세계와 분리된 상태에서 그 세계를 바라볼 수 있습니다. 인간이 그의 세계를 알고 사랑하고 변화시킬 수 있는 유일한 이유는 그가 그것을 바라볼 수 있기 때문입니다. 하나님은 인간을 세상의 지배자로 만드시는 과정에서 그를 세상에서 분리해 홀로 있음 속으로 밀어 넣으셔야 했습니다. 그러므로 인간은 또한 하나님과 그리고 다른 인간과 이야기를 나눌 수 있습니다. 그는 질문하고 답변하고 결단할 수 있습니다. 그는 행인지 불행인지 자유를 갖고 있습니다. 오직 자기 안에 아무도 뚫고 들어갈 수 없는 중심을 가진 인간만이 자유롭습니다. 오직 홀로 있는 인간만이 자신이 인간임을 주장할 수 있습니다. 이것은 위대한 일이며, 인간의 무거운 짐이기도 합니다.

**외로움, 홀로 있음의 고통**
우리의 언어는 인간의 홀로 있음의 이런 두 측면을 예리하게 인식해 왔습니다. 그것은 홀로 있음의 고통을 표현하기 위해 "외로움"(loneliness)이라는 단어를 만들어냈습니다. 또 그것은 홀로 있음의 영광을 표현하기 위해 "고독"(solitude)이라는 단어를 만들어냈습니다. 비록 우리가 일상생활에서 그 둘을 늘 구별하는 것은 아니지만, 우리는 지속적으로 그렇게 해야 하고 그렇게 함으로써 우리의 인간적 곤경(困境)에 대한 이해를 심화시켜야 합니다.

시편 25편에서 우리는 다음과 같은 말씀을 읽습니다. "주여 나는 외롭고 괴로우니 내게 돌이키사 나에게 은혜를 베푸소서"(시 25:16). 시편 기자는 외로움의 고통을 느낍니다. 우리는 그의 외로움의 특별한 성격에 대해 알지 못합니다. 그러나 우리는 외로움이 취할 수 있는 여러 가지 모습에 대해 압니다. 우리는 모두 그런 모습을 얼마간을 경험해 왔습니다.

외로움의 가장 보편적인 모습은 우리가 혼자라는 사실을 잊게 해주었던 사람들이 이별을 통해서든 사별을 통해서든 우리 곁을 떠났을 때 느끼는 외로움입니다. 지금 나는 우리와 가장 가까웠던 사람들에 대해서뿐 아니라, 우리에게 교제의 느낌을 주었던 이들, 즉 우리와 함께 일하고 사회적 접촉을 갖고 영적 대화를 나눴던 사람들에 대해서도 말하고 있는 것입니다. 많은 이들에게 그런 외로움은 지속적인 상태가 되고 심각한 우울을 지속시키는 원인이 됩니다. 우리 주변과 온 세상에서 들려오는 수많은 외로운 이들의 한숨소리는 사랑에 의해 활짝 열려 있는 귀를 가득 채웁니다.

그러나 이제 우리 중 친구와 이웃과 동료와 동향인들에 의해 둘러 싸여 있는 사람들, 가족들과 함께 살면서 섹스를 즐기는 사람들, 다시 말해, 다른 이들이 갖지 못한 모든 것을 갖고 있는 사람들에 대해서도 생각해 봅시다. 그리고 다음과 같이 물어봅시다. "과연 그들은 외로움의 고통이 없이 살고 있는가? 그들의 외로움은 그들과 함께 있는 사람들로 인해 덮여지는가?" 만약 우리가 그런 사람들 편에 속할 수 있다면, 우리는 다음과 같이 대답할지도 모릅니다. "사람들에게 둘러 싸여 있던 특별한 시간에 나는 외로움을 느끼지 않았어. 하지만 나는 갑자기 나의 궁극적인 고립을 깨닫게 되었어. 나는 침묵에 빠졌고 나의 외로움과 더불어 홀로 있기 위해 그 사람들로부터 물러났어. 나는 나의 외적 곤경이 나의 내적 곤경과 조화를 이루게 하고 싶었어."

우리는 어떤 이들은 단지 집단 안에서 중요한 자리를 얻을 만큼 충분히 강하지 않을 뿐이고, 그들이 사람들에게서 물러나는 것은 그들의 약함의 표현에 지나지 않으며, 그런 사람은 상담이나 정신과 치료를 받아야 한다고 단언함으로써 이런 경험의 의미를 축소시켜서는 안 됩니다. 물론 그런 사람들이 많이 있고, 그들에게 도움이 필요한 것도 사실입니다. 그러나 지금 나는 강한 사람들, 즉 사람들 사이에서 그들의 위치를 확보했음에도 궁극적인 외로움의 공포를 경험하고 있는 사람들에 대해 말하고 있는 것입니다. 그들은 자기 주변의 세계에 대한 갑작스러운 깨달음을 통해 인간의 참된 곤경을 인식합니다.

또한 우리는 어떤 이들은 사람들에게 자기를 이해시키려는 간절한 바람에도 불구하고 오해를 받고 그로 인해 군중 속에서 외로움을 느낀다고 지적함으로써 이런 경험의 의미를 축소시켜서도 안 됩니다. 아무도 그런 사람들이 있다는 것과, 더 나아가 그런 이들조차 분명한 진리를 드러낸다는 사실을 부인할 수 없습니다. 하기야 그 누가 자기 자신에게라도 참으로 이해가 되겠습니까? 한 사람의 신비는 그의 특성에 대한 깔끔한 묘사를 통해 파악될 수 있는 게 아닙니다.

그러나 자신이 늘 다른 사람들에게 오해받고 있다고 느끼는 이들은, 각 사람의 신비를 그들이 갖고 있다고 믿는, 또한 그렇기에 다른 이들에게도 그것에 대한 인정을 요구하는 소중한 보물과도 같은 이미지들과 혼돈하고 있는 것입니다. 사람들이 그런 인정을 해주지 않을 때 그들은 외로움을 느끼고 움츠러듭니다. 그리고 그들에게는 도움이 필요합니다.

그러나 그들이 갖고 있는 참된 보물이 충분히 크기 때문에 겉으로 잘 드러날 뿐 아니라 사람들에게 이해되고 수용되고 있음에도 불구하고 여전히 궁극적 외로움이라는 무서운 경험을 하고 있는 사람들도 있습니다. 그런 순간에 그들은 그들의 일상적 삶의 표면을 뚫고 인간의 곤경이라는 심연 속으로 빠져듭니다.

### 견딜 수 없는 외로움

많은 이들이 외로움을 느끼는 것은 사랑하고 사랑받기 위한 모든 노력에도 불구하고 그들의 사랑이 거부되기 때문입니다. 어쩌면 그런 이들은 그들에게 "선물"로 온 것에 불과한 것을 "권리"로 주장하는 것일 수 있습니다. 그들은 스스로 선택한 외로움 속으로 후퇴하면서 자기들을 거부했다고 느끼는 사람들을 향해 비통함과 적대감을 드러내면서 복수를 합니다. 그러면서 자기들의 외로움이 주는 고통을 즐깁니다. 그런 사람들이 많이 있습니다. 그리고 그들은 우리 시대의 신경증적 외로움의 성장에 크게 기여하고 있습니다. 그들에게는 무엇보다도 도움이 필요합니다. 왜냐하면 그들은 아주 쉽게 그들을 그들 안에 완전하게 격리시키는 악마적인 힘의 먹이가 되기 때문입니다.

그러나 누군가는 정말로 거부된 사랑을 경험하기도 합니다. 그는 자신에 대해 아무런 특별한 주장도 하지 않습니다. 그는 다만 누군가를 향해 간절한 소망을 품습니다. 그리고 실망합니다. 사랑의 공동체가 해체되거나 실패하거나 더 이상 존재하지 않게 될 수도 있습니다. 그렇게 해서 발생하는 외로움은 세상과 우리의 관계를 끊어버립니다. 그럴 때 참으로 우리는 궁극적으로 혼자입니다. 다른 방향에서 오는 사랑이나 우리 자신이 갖고 있는 사랑의 능력조차 우리에게서 이 짐을 덜어주지 못합니다. 실망한 사랑의 외로움을 비통함 없이 견딜 수 있는 사람은 인간의 곤경의 깊이를 과격하게 그리고 창조적으로 경험합니다.

마지막으로, 숨기거나 회피할 수 없는 두 가지 형태의 외로움이 있습니다. 하나는 죄책으로 인한 외로움이고, 다른 하나는 죽음으로 인한 외로움입니다. 아무도 우리에게서 우리가 우리 자신의 참된 존재를 향해 저지른 일을 제거해 줄 수 없습니다. 우리는 자신의 숨겨진 죄책과 드러난 죄책을 자신의 것으로, 또한 자신만의 것으로 느낍니다. 참으로 우리는 다른 그 누구도 우리가 저지른 일에 대해 대신 책임을 지게 할 수 없습니다. 우리는 자신의 죄책에서 도망칠 수 없고 그것을 정당한 방식으로 덮어버릴 수도 없습니다. 우리는 그것과 더불어 혼자입니다. 또 그것은 모든 다른 형태의 외로움 속으로 스며들어 그것들을 심판의 경험으로 만드는 외로움입니다.

게다가 우리가 언젠가는 죽어야 한다는 궁극적 외로움이 존재합니다. 우리는 자신의 죽음을 예견할 때 혼자가 됩니다. 다른 이들과의 그 어떤 소통도 그 외로움을 제거해 주지 못합니다. 실제로 우리가 죽는 시간에 다른 이들이 그곳에 있을지라도, 그들의 존재는 그것이 우리의 그리고 우리만의 죽음이라는 사실을 덮지 못합니다. 죽음의 시간에 우리는 온 우주로부터, 또한 그 안에 있는 모든 것들로부터 단절됩니다. 우리는 우리가 혼자라는 사실을 잊게 해주었던 모든 사물과 존재들을 빼앗깁니다. 누가 이런 외로움을 견딜 수 있겠습니까?

**고독, 홀로 있음의 영광**

고독을 견딜 수 있는 사람만이 외로움을 이겨낼 수 있습니다. 우리는 우리가 인간이라는 사실 때문에 고독에 대한 생래적 갈망을 갖고 있습니다. 우리는 자신의 본질 – 우리가 혼자라는 것 – 을 고통과 두려움이 아니라 기쁨과 용기를 갖고 느끼기를 원합니다. 고독을 추구하고 경험할 수 있는 여러 가지 방법이 있습니다. 그리고 만약 "종교는 인간이 그의 고독과 더불어 행하는 것"이라는 어느 철학자의 말이 사실이라면, 그 각각의 방법은 "종교적"이라고 불릴 수 있습니다.

이런 여러 방법들 중 하나는 자연의 침묵을 향한 갈망입니다. 우리는 나무와 구름과 파도를 향해 소리 없이 말할 수 있습니다. 그리고 그것들은 잎사귀들의 속삭임과 구름의 움직임과 바다의 웅성거림을 통해 말없이 응답합니다. 우리는 이런 고독을 경험할 수 있습니다. 하지만 짧은 기간 동안만 그럴 수 있습니다. 왜냐하면 자연의 소리들은 궁극적으로 우리의 마음에서 떠오르는 질문들에 대답할 수 없기 때문입니다. 자연 안에서 우리의 고독은 쉽게 외로움이 될 수 있습니다. 그렇기에 우리는 인간의 세계로 되돌아갑니다.

고독은 우리가 시를 읽고, 음악을 듣고, 그림을 감상하고, 진지하게 생각하는 행위 속에서도 발견될 수 있습니다. 그럴 때 우리는 군중 가운데서 혼자일지 모르나 외롭지는 않습니다. 고독은 우리를 고립시키는 일 없이 보호합니다. 그러나 삶은 우리를 공허한 대화와 피할 수 없는 일상의 요구들 속으로 되부릅니다. 삶은 우리를 삶의 외로움에로, 이어서 그것이 우리의 외로움 위에 펴놓은 덮개에로 되부릅니다.

의심할 여지없이, 이 마지막 문장은 인간의 일반적인 곤경뿐 아니라, 특별히 우리 시대를 묘사하는 말입니다. 오늘날 인간은 이전 시대에서보다 더 강하게 외로움을 느끼기에 고독을 견뎌내지 못합니다. 인간은 군중의 일부가 되기 위해 절망적으로 애씁니다. 세상의 모든 것들이 우리를 지원하고 있습니다. 오늘날 교사와 부모 그리고 공적 소통의 책임자들은 우리에게서 고독을 위한 외적 조건들, 즉 사생활을 보장하기 위한 가장 단순한 요소들조차 없애버리기 위해 가능한 모든 일을 수행하고 있는데, 이것이야말로 우리 시대의 질병의 징후입니다. 우리의 집들조차 가족 구성원들의 고독을 보호하는 대신 그들의 사생활을 거의 완벽하게 배제하는 식으로 지어집니다. 학교, 대학, 사무실, 그리고 공장 같은 공동생활 형태들 역시 마찬가지입니다. 우리 시대에는 고독에 대한 인간의 갈망을 파괴하려는 끊이지 않는 압력이 존재합니다.

### 고독, 주님의 손에 붙들림

그러나 때로 하나님은 우리를 사람들로부터 분리시키시고, 우리가 바라지 않음에도 우리를 붙들고 있는 고독 속으로 밀어 넣으십니다. 선지자 예레미야는 말합니다. "내가 기뻐하는 자의 모임 가운데 앉지 아니하며 즐거워하지도 아니하고 주의 손에 붙들려 홀로 앉았사오니"(렘 15:17).

우리는 때로 주님의 손에 붙들립니다. 그분은 우리가 대부분의 사람들로부터 우리를 고립시킬 수 있는, 또한 오직 고독 속에서만 제기할 수 있는 진리의 문제를 제기하기를 바라십니다. 그분은 우리가 고통과 죽음을 자초할지도 모르는, 또한 오직 우리가 고독 속에 있을 때만 우리 안에서 성장할 수 있는 정의의 문제를 제기하기를 바라십니다. 그분은 우리가 불명예와 증오를 자초할지도 모르는, 또한 우리가 고독 속에서만 감행할 수 있는 인간의 평범한 방식들을 깨뜨리는 모험을 하기를 원하십니다. 그분은 우리가 그 너머에서 삶의 신비가 나타나는 우리의 존재의 경계들을 넘어서기를 바라십니다. 그리고 그런 일은 고독의 순간에만 나타날 수 있습니다.

우리 중에는 삶의 어떤 영역에서 창조적이 되기를 바라는 이들이 있을 것입니다. 그러나 우리는 고독이 없이는 창조적이 되거나 그런 상태로 남아 있을 수 없습니다. 의식적인 고독 속에서 한 시간을 지내는 것이 여러 시간 동안 창조적인 사람이 되기 위한 교육과정을 밟으며 애쓰는 것보다 훨씬 더 우리의 창조성을 키워 줄 것입니다.

우리가 고독에 처해 있을 때 우리에게는 어떤 일이 일어날까요? 광야에서 예수님이 경험하셨던 고독에 대한 마가의 말에 귀를 기울여 봅시다. "광야에서 사십 일을 계시면서 사탄에게 시험을 받으시며 들짐승과 함께 계시니 천사들이 수종들더라"(막 1:13). 그분은 혼자였습니다. 그분은 온 땅과 하늘 그리고 자기 주위와 내부의 들짐승들을 마주하면서 스스로 거룩한 힘과 악마적인 힘 사이의 싸움터가 되셨습니다. 바로 그것이 우리의 고독 속에서 벌어지는 첫 번째 일입니다. 즉 고독 속에서 우리는 우리 자신을 우리 자신으로가 아니라, 창조와 파괴 사이의 그리고 하나님과 마귀 사이의 싸움터서 인식하게 됩니다.

고독은 쉽지 않습니다. 누가 그것을 견딜 수 있겠습니까? 그것은 예수님께조차 쉽지 않았습니다. 우리는 다음과 같은 말씀을 읽습니다. "무리를 보내신 후에 기도하러 따로 산에 올라가시니라 저물매 거기 혼자 계시더니"(마 14:23). 날이 저물면 외로움은 더욱 깊어집니다. 우리는 하루나 한 시기 혹은 우리의 삶의 모든 날이 끝나갈 때 이것을 느낍니다. 예수님은 기도하러 산으로 올라가셨습니다.

그런데 그것이 우리가 외로움을 고독으로 바꾸고 고독을

견디는 방법이 될 수 있을까요? 이런 질문에 대답하기란 쉽지 않습니다. 대부분의 기도는 그런 힘을 그렇게 많이 갖고 있지 않습니다. 대부분의 기도는 하나님을 대화의 파트너로 만듭니다. 우리는 고독에 이르는 유일하게 참된 길에서 도망치기 위해 그분을 이용합니다. 그런 기도는 목사와 평신도들의 입에서 쉽게 흘러나옵니다. 그러나 그런 기도는 인간이 하나님과 고독하게 만나는 데서 나오는 게 아닙니다.

그런 기도가 예수님이 산으로 올라가 드리셨던 종류의 기도가 아닌 것은 분명합니다. 그런 기도보다는 오히려 침묵을 유지하면서 늘 고독을 갈구하고 있는 우리의 영혼으로 하여금 하나님께 말없이 탄식하도록 내버려 두는 편이 더 낫습니다. 우리는 번잡한 날과 사람들로 가득 찬 방에서조차, 또한 가장 어려운 외적 환경 아래에서조차 그렇게 할 수 있습니다. 그것은 우리에게 아무도 빼앗아갈 수 없는 고독의 순간을 제공할 수 있습니다.

### 고독, 영원의 현존

이런 고독의 순간에 우리에게 무언가가 행해집니다. 우리의 존재의 중심, 즉 우리의 홀로 있음의 근거인 우리의 가장 깊은 자아가 하나님의 중심에까지 고양(高揚)되어 그 속으로 흡수됩니다. 그곳에서 우리는 우리 자신을 잃어버리지 않은 채 쉴 수 있습니다.

아마도 이제 우리는 당신이 이미 제기했을지도 모를 질문, 즉 어떻게 고독으로부터 교제가 발생할 수 있는가 하는 질문에 답할 수 있을 것입니다. 우리는 우리가 다른 누군가의 가장 깊은 중심에 도달할 수 없다는 것을 압니다. 우리 모두는 늘 혼자입니다. 그러나 우리는 먼저 하나님을 향해 올라갔다가 그분으로부터 다른 누군가의 자아에로 돌아올 때 그것에 도달할 수 있습니다. 물론 인간의 홀로 있음이 이런 방법으로 제거되지는 않지만, 그것은 바로 이런 방법으로 모든 존재들의 중심이 그 안에서 쉼을 얻고 있는 존재와의, 또한 그렇기에 그 존재들 모두와의 일치 속으로 흡수됩니다.

사랑조차 고독 속에서 다시 태어납니다. 왜냐하면 고독에 처한 자들만이 자기들과 분리된 사람들에게 도달할 수 있기 때문입니다. 오직 영원의 현존만이 일시적 존재를 다른 일시적 존재들로부터 고립시키는 벽들을 돌파할 수 있습니다. 여러 시간의 대화보다 한 시간의 고독이 훨씬 더 우리를 우리가 사랑하는 이들과 가까워지게 해줄 수 있습니다. 우리는 우리와 함께 그들을 영원의 산으로 데려갈 수 있습니다.

그리고 우리는 "고독의 가장 내밀한 본질은 무엇인가?" 하는 질문을 받을 때 아마도 다음과 같이 대답해야 할 것입니다. 즉 고독은 "일시적 존재의 번잡한 길 위에 임한 영원"(the presence of the eternal upon the crowded roads of the temporal) 이라고 말입니다. 그리스도의 얼굴을 통해 빛나는, 또한 우리와 분리된 모든 사람과 모든 것들을 포함하는 영원의 현존이라는 견지에서 본다면, 고독은 홀로 있을지라도 외롭지 않은 경험입니다. 고독의 빈곤 안에 모든 풍요로운 것들이 존재합니다. 담대하게 고독을 추구합시다. 영원한 것과 마주하고, 다른 이들을 찾고, 우리 자신을 바라봅시다!

# 2

# 잊음과 잊힘

¹³오직 한 일 즉 뒤에 있는 것은 잊어버리고 앞에 있는 것을 잡으려고

빌립보서 3:13

**바울의 가장 개인적인 편지들** 중 하나에서 나타나는 매우 개인적인 이 말은 우리로 하여금 다음과 같은 질문들을 제기하게 합니다. 그가 잊고자 했던 것은 무엇인가? 우리는 무엇을 잊고, 무엇을 기억하는가? 인간의 삶과 우주 전체의 움직임 속에서 잊음이 하는 역할은 무엇인가? 그리고 무엇보다도 우리는 무엇을 기억해야 하고 무엇을 잊어야 하는가?

### 잊음과 기억

그러나 이런 질문들을 제기하는 과정에서 다음과 같은 보다 혼란스러운 질문들이 떠오릅니다. 어떤 사물이나 존재가 잊힌다는 것은 무엇을 의미하는가? 우리의 존재의 일부나 전체가 일정 기간 혹은 영원토록 잊힐 때 그것은 우리에게 어떤 의미가 있는가? 우리는 전도자가 죽은 자들에 대해 "그들의 이름이 잊어버린 바 됨이니라"(전 9:5)라고, 또한 "그들의 사랑과 미움과 시기도 없어진 지 오래이니"(6절)라고, 또한 시편의 표현을 따라서 그들의 자리가 더 이상 그들을 알지 못한다고 말할 때, 그의 말을 어떻게 견딜 수 있겠는가?

"잊다"(forget)라는 단순한 말은 우리를 삶과 죽음 그리고 시간과 영원의 가장 깊은 수수께끼 속으로 밀어넣습니다. 왜냐하면 잊음과 기억은 인간 안에 있는 하나님의 형상을 드러내는 가장 놀라운 특성들이기 때문입니다. 지금 나는 당신에게 나와 더불어 "잊음"(forgetting)과 "기억함"(remembering)과 "잊힘"(being forgotten)의 신비에 집중해 보자고 요청하고 있는 것입니다―우리의 말과 통찰과 용기가 그런 신비 앞에서 얼마나 제한적일 수밖에 없는가를 전제하고서 말입니다. 먼저 잊음과 기억함에 대해, 그리고 이어서 잊힘과 기억됨에 관해 생각해 봅시다.

삶은 과거를 과거 속으로 던져 넣지 않고는, 또한 현재를 과거의 짐에서 해방시키지 않고는 계속될 수 없습니다. 그런 힘이 없다면 삶은 미래를 갖지 못할 것이고 과거의 노예가 될 것입니다. 새로운 아무것도 발생할 수 없고 낡은 것조차 존재할 수 없을 것입니다. 왜냐하면 지금 낡은 것은 언젠가는 새로운 그 무엇, 즉 존재하게 될 수도 있고 그렇지 않을 수도 있었던 그 무엇이었기 때문입니다.

과거를 과거 속으로 밀어 넣지 않고서 삶을 지속하는 것은 불가능합니다. 그러나 우리가 모든 식물과 동물의 성장에서 목격할 수 있듯이 삶은 그런 힘을 갖고 있습니다. 살아 있는 존재의 발전 과정에서 앞선 단계들은 미래와 새로운 삶을 위한 공간을 제공하기 위해 뒤에 남겨집니다. 그러나 과거의 모든 것이 과거 속으로 밀려나지는 않습니다. 과거의 어떤 것들은 현재에도 살아남아 미래로 성장하기 위한 근거가 됩니다. 모든 성장은 그것의 정복된 과거를 보여 줍니다. 때로는 상처라는 형태로 그렇게 합니다.

삶은 그 자신의 갱신을 향해 나아가기 위해 자신의 과거를 이용하는 동시에 그것과 맞서서 싸웁니다. 이런 형태로 인간은 모든 존재들과 결합됩니다. 살아 있는 존재들이 그것을 의식하든 하지 않든, 그것은 삶의 보편적 특성입니다.

**삶의 갱신을 위한 변증법**

그러나 오직 인간만이 그것을 충분히 의식할 수 있습니다. 인간은 과거를 기억함으로써 과거를 보존하고, 과거를 잊음으로써 그것을 과거 속으로 밀어 넣습니다. 이것이 모든 아이들이 육체적으로 그리고 정신적으로 성장하는 방식입니다. 그는 보존하고 남깁니다. 그는 기억하고 잊습니다. 건강한 발전 과정에서 그 둘 사이의 균형이 그로 하여금 새로운 것을 향해 나아갈 수 있게 해줍니다.

그가 너무 많은 것을 보존하는 반면 잊는 것이 너무 적을 경우, 그의 성장의 길에는 장애물이 놓입니다. 유아기의 영향력과 기억을 지닌 과거가 미래를 압도합니다. 우리는 우리 모두의 내면의 벽감(壁龕) 속에서 이런 일이 일어난다는 것을 압니다. 우리는 유아기의 잔재들이 그것들이 속한 과거 속으로 밀려나지 않았음을 발견합니다. 그것들은 우리의 자유를 제한하고 미래로 가는 우리의 길을 좁힙니다. 심지어 그것들은 왜곡된 성장을 낳을 수도 있습니다.

우리의 행동과 언어에 유아기의 습관이 남아 있을 경우에 대해 생각해 봅시다. 가령 우리가 여전히 사춘기의 소심함과 공격성, 자신 및 세계의 현실과 동떨어진 어린 시절의 이미지들, 드러나지 않은 근심과 어리석은 갈망들, 아버지나 어머니 같은 어린 시절의 권위자들에 대한 흔들려 본 적이 없는 의존, 그리고 우리의 현 단계의 성장에 아무런 도움도 되지 않는 명백한 편견들을 갖고 있다고 생각해 봅시다. 우리가 과거에 속한 것을 뒤에 남기고 떠날 만한 힘을 갖지 못했던 경우들이 있었습니다. 우리는 망각에 속한 것을 잊었습니다. 우리는 잊는 것을 잊었습니다. 그리고 이제는 때가 너무 늦었다고 생각할지도 모릅니다.

그들의 유산들 중 아무것도 과거 속으로 던져 넣지 못하고 그로 인해 새로운 성장을 이루지 못한 까닭에 그들의 과거의 무게가 그들의 현재를 짓눌러 결국 멸망하게 되었던 나라들이 있습니다. 그리고 때로 우리는 이방 종교들만이 아니라 기독교 교회 역시 너무 많은 과거를 보존해 왔고 과거에서 너무 적게 떠난 것이 아닌가 하고 물을 수 있을 것입니다. 잊음은 어쩌면 다른 인간의 다른 그 어떤 유산보다도 종교적 전통에게 더 어려운 일일 수 있습니다.

그러나 하나님은 우리가 거기로부터 나온 처음이실 뿐 아니라, 또한 우리가 거기로 돌아가야 할 마지막이시기도 합니다. 그분은 "옛적부터 늘 계신 이"(단 7:9)이실 뿐 아니라 새것의 창조주이시기도 합니다. 그분은 모든 피조물에게 존재를 주십니다. 그리고 그 존재는, 비록 과거에 의존하기는 하지만, 미래를 향해 나아갑니다.

그러므로 모든 삶은 잊음이라는 선물을 받습니다. 이 선물을 받지 않은 교회는 그 자신의 피조성을 부인하고 모든 교회가 처하는 유혹, 즉 그 자신이 하나님이 되고자 하는 유혹에 빠지고 맙니다. 물론 그 어떤 교회나 국가나 사람도 자신의 정체성을 잊어서는 안 됩니다. 우리는 우리의 내적 자아의 상징인 우리의 이름을 잊으라는 요구를 받지 않습니다. 그리고 분명히 그 어떤 교회도 그의 터전을 잊으라는 요구를 받지 않습니다. 그러나 만약 교회가 그 터전 위에 세워진 것들을 많이 밀어내지 못한다면, 그 교회는 미래를 잃게 될 것입니다.

그러나 인간의 삶을 포함해 모든 삶은 무언가를 남길 뿐 아니라 또한 보존합니다. 그것은 잊을 뿐 아니라 또한 기억합니다. 그리고 기억하지 못하는 것은 잊지 못하는 것만큼이나 파괴적입니다. 오래된 나무는 그 나무의 최종적 형태를 결정한 최초의 씨앗의 생명력이 여전히 존재하고 있음을 과시합니다. 만약 어떤 동물이 그것이 태어나자마자 배웠던 삶에 대한 적응을 잊어버린다면, 그것은 곧 멸망하고 말 것입니다. 동일한 것이 어린 아기에게도 해당되며 훗날 그 아기가 육체적으로 그리고 정신적으로 성장하는 모든 과정에도 동일하게 해당됩니다. 과거에 대한 기억은 인간에게 그의 인간으로서의 정체성을 보존해 줍니다.

그런 기억이 없다면 인간은 홀로 남겨지게 될 것입니다. 이것은 모든 사회집단들에게도 마찬가지입니다. 아무 형식도 없이 앞으로만 나아가거나 과거의 뿌리를 무차별하게 잘라내는 것은 공허와 현실성의 결여와 그로 인한 미래의 결여를 낳습니다. 잊고자 하는 갈망 때문에 자신들의 기원에 대한 기억을 잃어버린 교회들이 있습니다.

또한 자기들의 전통에서 스스로 떨어져나간 나라들도 있습니다. 아마도 이에 대한 가장 현저한 예들 중 하나는 자신이 속해 있는 문명의 근원이라고 할 수 있는 예루살렘과 아테네를 잊기 위해 대양(大洋) 전체를 망각의 약물로 사용해 온 이 나라(미국-역주)일 것입니다.

지금 나는 과거에 대한 학문적 지식에 대해 말하는 게 아닙니다. 그것과 관련해서는 부족한 것이 없습니다. 오히려 나는 이 나라가 과거의 창의력이 더 이상 존재하지 않는 미래를 향해 내달리고 있는 것에 대해 말하는 것입니다. 다른 그 어느 나라들보다도 이 나라는 대단한 망각력(忘却力)을 갖고 있습니다. 그러나 그런 힘이 기억력(記憶力)과 동등하게 균형을 이루고 있지 않습니다. 이것은 우리가 정신적으로 그리고 심지어 정치적으로 파멸하는 원인이 될 수도 있습니다. 만약 우리가 자신의 정체성을 잃는다면, 우리는 망하기 때문입니다.

### 잊음의 종류

지금까지 우리는 삶이 그 자신을 갱신해 나가는 방식으로서의 "잊음"(forgetting)에 대해 생각해 보았습니다. 우리는 무엇을 어떻게 잊습니까? 바울이 "앞에 있는 것을 잡으려고"(빌 3:13) 하면서 잊었던 것은 무엇입니까? 분명히 그는 바리새인으로서 그리고 기독교에 대한 박해자로서의 자신의 과거를 잊고 싶어 했을 것입니다. 그러나 그의 편지의 모든 말들은 그가 그 사실을 결코 잊지 못했음을 보여 줍니다.

잊음에도 몇 가지 종류가 있는 듯합니다. 어제와 어제 일어났던 일들 대부분에 대한 자연스러운 잊음이 있습니다. 설령 그런 것들이 생각날지라도, 우리는 여전히 그것들 중 몇 가지만 기억할 것입니다. 그리고 그것들 역시 결국에는 천천히 기억에서 사라집니다. 어제 하루 전체가 사라집니다. 그리고 그 중 참으로 중요한 것만 기억됩니다. 그렇게 우리의 삶의 대부분의 날들이 망각 속으로 사라집니다. 이런 자연스러운 잊음의 과정은 마치 혈액의 순환처럼 우리의 협력 없이도 진행됩니다.

그러나 우리 모두에게 익숙한 잊음의 다른 측면이 있습니다. 무언가를 기억하는 것이 너무 힘들거나 고통스러울 때면 우리 안에 있는 무언가가 우리가 그것을 기억하는 것을 방해합니다. 우리는 자신이 받은 은혜를 잊습니다. 감사에 대한 부담이 너무 크기 때문입니다. 우리는 이전의 사랑을 잊습니다. 그 사랑에 내포된 의무의 짐이 우리를 짓누르기 때문입니다. 우리는 이전의 증오를 잊습니다. 그런 증오를 간직하는 것은 우리의 마음을 어지럽히기 때문입니다. 우리는 이전의 고통을 잊습니다. 그것은 지금도 여전히 고통스럽기 때문입니다. 우리는 이전의 죄책을 잊습니다. 그것이 주는 아픔을 견딜 수 없기 때문입니다.

그런 잊음은 자연스러운 잊음, 즉 일상적 형태의 잊음이 아닙니다. 그것은 우리의 협력을 요구합니다. 우리는 우리가 견딜 수 없는 것을 억누릅니다. 우리는 그것을 우리 안에 묻어 둠으로써 그것을 잊습니다. 일상적인 잊음은 자연스러운 과정을 통해 수많은 사소한 것들로부터 우리를 해방시킵니다. 그러나 억압을 통한 잊음은 우리를 해방시키지 않고, 오히려 우리에게서 우리에게 고통을 주는 것들을 잘라내는 것처럼 보입니다. 그러나 우리는 그 일에서 완전히 성공하지는 못합니다. 왜냐하면 그 기억은 우리 안에 묻혀 있고 우리가 성장하는 매순간 우리에게 영향을 주기 때문입니다. 그리고 때로 그것은 그 감옥을 깨뜨리고 나와서 직접 그리고 고통스럽게 우리를 내리칩니다.

다음으로 바울이 중언하는 것처럼 우리를 과거의 기억으로부터 해방시키지는 못하지만 그것이 초래하는 고통으로부터는 해방시키는 잊음이 있습니다. 그런 종류의 잊음에 대한 오래되고 인상적인 이름이 바로 "회개"(repentance)입니다. 오늘날 회개는 자신의 죄책에 대한 반쯤은 고통스럽고 반쯤은 감정적인 몰입과 상관이 있을 뿐, 해방시키는 망각과는 아무 상관도 없는 단어가 되었습니다. 그러나 원래 그것은 잘못된 길을 버리고 옳은 길로 돌아서는 "돌아섬"을 의미했습니다.

회개는 죄책에 대한 의식과 그로 인한 고통을 억압하지

않고 인정함으로써, 또한 그런 것들에도 불구하고 용납의 말을 받아들임으로써 그것들을 과거 속으로 밀어 넣는 것을 의미합니다. 만약 우리가 회개할 수 있다면, 우리는 잊을 수 있습니다. 그것은 그 잊힌 행동이 중요하지 않거나 우리가 자신이 견딜 수 없는 것을 억누르기 때문이 아니라, 우리가 자신의 죄책을 인정하고 그것과 더불어 살아갈 수 있기 때문입니다. 왜냐하면 이제 그것은 영원히 잊히기 때문입니다. 이것이 바울이 자기 뒤에 있는 것을, 비록 그것이 늘 그와 더불어 남아 있을지라도, 잊어버렸던 방식이었습니다.

우리의 개인적인 관계들에서 이런 종류의 잊음은 아주 중요합니다. 거듭 되풀이되는 용서라는 조용한 행위가 없다면, 그런 관계들 중 어느 것도 가능하지 않습니다. 용서는 기억을 전제합니다. 그리고 그것은 우리가 어제의 날씨를 잊는 식의 자연스러운 방식으로가 아니라 "기억은 하지만 잊겠다"라고 말하는 "~에도 불구하고"(in spite of)라는 위대한 방식으로 잊음을 만들어냅니다. 이런 종류의 잊음이 없다면, 그 어떤 인간관계도 건강하게 지속될 수 없습니다.

지금 나는 용서를 요청하고 베푸는 엄숙한 행위에 대해 말하는 게 아닙니다. 때로 부모와 자식 사이에, 혹은 친구들 사이에, 혹은 남편과 아내 사이에서 벌어지는 그런 엄숙한 의식 같은 행위들은 종종 한쪽의 도덕적 오만과 다른 쪽의 어쩔 수 없는 겸손으로 이루어집니다. 오히려 지금 나는 우리에게 상처를 주었던 사람을 기꺼이 그리고 지속적으로 용납하고자 하는 태도에 대해 말하고 있는 것입니다. 그런 용서는, 비록 그것이 완전한 망각은 아닐지라도, 가장 높은 형태의 잊음입니다. 다른 사람에게 해를 입혔다는 의식으로 인한 걸림돌이 과거 속으로 밀려납니다. 그리고 새로운 인간관계의 가능성이 나타납니다.

기억함에도 불구하고 잊는 것이 용서입니다. 우리가 살아갈 수 있는 것은 오직 우리의 죄책이 용서를 얻고 영원히 잊히기 때문입니다. 그리고 우리가 사랑할 수 있는 것은 오직 우리가 용서하고 용서받기 때문입니다.

### 영원의 차원

바울은 앞을 향해 달려가고 있습니다. 그의 앞에 놓여 있는 것은 무엇일까요? 이런 질문을 제기할 때 우리는 또 하나의 아주 다른 종류의 잊음, 즉 언젠가 우리가 잊히리라는 사실에 대한 잊음을 상기하게 됩니다. 우리는 그런 생각을 견딜 수 없기 때문에 그것을 억누릅니다. 인류의 문헌들은 거지들뿐 아니라 왕들도 죽어야 한다는 사실을 상기시켜 주는 이야기들로 가득 차 있습니다. 인간은 죽음에 대한 예견을 견디지 못합니다. 따라서 그는 그것을 억누릅니다. 그러나 그런 억압은 그에게 항상 존재하는 불안을 제거해 주지 않습니다. 그리고 모든 사람들의 삶 속에는 그런 억압이 최소한의 효과도 내지 못하는 순간들이 존재합니다. 그때 우리는 묻습니다. 내가 영원히 잊힐 시간이 있을까?

죽어야 한다는 근심은 우리가 지금 그리고 영원히 잊히리라는 것에 대한 근심입니다. 모든 살아 있는 존재는 새로운 존재를 얻지 못한 채 과거 속으로 밀려나는 것에 저항합니다. 이런 잊힘에 대한 가장 강력한 상징은 "매장"(埋葬)입니다. 매장은 누군가가 사람들의 인식의 영역에서 그리고 세상의 표면에서 제거되는 것을 의미합니다. 예수님의 부활의 의미는 그분이 "장사되었다"(was buried)는 사도신경의 표현을 통해 강화됩니다.

죽음의 근심에 대한 약간 피상적인 견해는 그런 근심이 실제로 죽는 과정에 대한 두려움이라고 말합니다. 물론 그것은 고통스러운 것일 수 있습니다. 하지만 그것은 어쩌면 아주 쉬운 것일 수도 있습니다. 아닙니다. 우리가 죽어야 한다는 사실에 대한 근심의 심연에는 우리가 영원히 잊힌다는 것에 대한 근심이 존재합니다.

인간은 그런 생각을 견딜 수 없습니다. 그런 생각에 대한 인간의 단호한 저항은 그리스인들이 잊힘에 대한 정복으로서의 "명성"에 대해 말하는 방식을 통해 드러납니다. 오늘날에는 동일한 것이 "역사적 의미"라는 말로 불립니다. 우리는 할 수만 있다면 기념관을 세우거나 기념재단을 만듭니다. 우리가 죽고 난 후 우리를 사랑하거나 미워하거나 존경했던 사람들에게뿐 아니라, 이름으로만 우리를 알았던 사람들에게까지 기억될 수 있다는 생각은 우리에게 위안이 됩니다. 실제로 어떤 이름들은 여러 세기 동안 기억되기도 합니다.

인간의 그런 희망은 "세상에서의 그의 날들의 흔적은 영겁의 세월이 흘러도 사라지지 않으리"라고 노래했던 어느 시인의 웅장한 선언을 통해 표현됩니다. 하지만 그런 흔적들 - 그것들은 이 세상 안에 의심의 여지없이 존재합니다 - 은 우리 자신이 아닙니다. 그것들은 우리의 이름을 지니고 있지 않습니다. 그것들은 우리를 잊힘으로부터 보호해 주지 않습니다.

과연 우리를 잊히지 않게 해줄 수 있는 것이 있을까요?

우리가 영원부터 알려졌고 영원히 기억되리라는 확신만이 우리를 영원히 잊히는 것에 대한 공포로부터 구원해 줄 수 있습니다. 우리는 잊힐 수 없습니다. 왜냐하면 우리는 과거와 미래를 넘어서 영원히 알려져 있기 때문입니다.

그러나, 비록 우리가 잊힐 수는 없을지라도, 우리가 우리 자신을, 즉 영원히 알려지고 영원히 기억되는 우리의 참 존재를 잊는 일이 있을 수 있습니다. 우리가 자신이 매시간 경험하는 것들 대부분을 잊거나 기억하는 것은 궁극적으로 중요하지 않습니다. 그러나 우리가 우리 자신을, 즉 반복되지 않고, 독특하며, 영원히 소중하고, 우리의 손에 맡겨진 이 개별적인 존재를 잊지 않는 것은 무한히 중요합니다. 불행히도 그 존재는 잘못 취급되고, 간과되고, 갇힐 수 있습니다. 그러나 만약 우리가 그것을 기억한다면, 또한 그것의 무한한 의미를 인식한다면, 우리는 우리가 과거에 알려져 있었다는 것과 미래에 잊히지 않으리라는 것을 알게 됩니다. 왜냐하면 우리의 존재의 진리는 우리의 존재가 거기에서 나오고 거기로 돌아갈 "존재의 근거"(the ground of being)에 뿌리를 내리고 있기 때문입니다. 참으로 실재하는 것은 아무것도 영원히 잊히지 않습니다. 왜냐하면 실재하는 모든 것은 영원으로부터 나오고 영원으로 돌아가기 때문입니다.

지금 나는 단순히 인류에 대해서가 아니라 모든 개별적인 사람들에 대해 말하고 있는 것입니다. 우주에 있는 아무것도 알려지지 않은 게 없습니다. 실재하는 아무것도 궁극적으로 잊히지 않습니다. 오늘날 헤아릴 수 없는 길을 따라 움직이고 있는 원자(原子)들과 수십 억 년 전에 헤아릴 수 없는 길을 따라 움직였던 원자들은 모두 영원한 근거에 뿌리를 내리고 있습니다.

절대적으로 그리고 완전히 잊힌 과거는 존재하지 않습니다. 왜냐하면 미래와 마찬가지로 과거 역시 하나님의 삶에 뿌리를 내리고 있기 때문입니다. 아무것도 완전히 과거 속으로 밀려나지 않습니다. 실재하는 아무것도 완전히 잃어버려지거나 잊히지 않습니다. 우리는 하나님의 삶 안에 실재하는 모든 것과 완전히 함께 있기 때문입니다. 오직 우리 안과 주위에 있는 비실재적인 것만이 과거 속으로 영원히 밀려납니다. 바로 그것이 "최후의 심판"의 의미입니다. 그것은, 모든 것 안에서와 마찬가지로, 우리 안에서 참되고 최종적인 존재를 갖고 있는 것과 단지 일시적이거나 참된 존재를 갖고 있지 않은 것을 분리하는 것을 의미합니다.

우리는 결코 잊히지 않습니다. 그러나 우리가 좋아하고 원했던 우리 안에 있는 많은 것들은 영원히 잊힐 수 있습니다. 그런 심판은 우리의 삶의 매순간에 계속됩니다. 그러나 그 과정은 시간 속에서는 숨겨지고 오직 영원 속에서만 드러납니다. 그러므로 과거와 부딪힙시다. 영원히 잊혀야 할 것을 잊읍시다. 그리고 우리의 참된 존재를 표현하고 영원 속에서 잃어버려질 수 없는 것을 향해 나아갑시다.

# 3

# 불평등이라는 난제

²⁵있는 자는 받을 것이요 없는 자는 그 있는 것까지도 **빼앗기리라**

마가복음 4:25

**어느날 학식이 많은 동료 하나가** 나를 찾아와 분노하며 말했습니다. "신약 성경에는 내가 생각하기에 지금까지 말해진 가장 부도덕하고 부당한 진술들 중 하나가 들어 있어요!" 그리고 그는 우리의 본문을 인용하기 시작했습니다. "있는 자는 받을 것이요……," 그러면서 그의 분노는 점점 커졌습니다. "없는 자는 그 있는 것까지도 빼앗기리라."

### 가장 큰 난제

우리들 대부분은 내 동료와 마찬가지로 이 말씀에 대해 분노를 느끼지 않을 수 없을 것입니다. 그러나 우리는 내 동료가 주장하듯이 예수님의 그 말씀은 제자들이 잘못 알아들었던 것이라고 강변함으로써 그 구절에 대해 쉽게 변명하려 들어서는 안 됩니다. 아닙니다, 그 말씀은 복음서에서 네 번이나 아주 크게 강조되어 나타납니다. 그리고 더 나아가 복음서 기자들은 분명히 그 말씀에 대해 우리들과 똑같이 느끼고 있습니다. 그들에게 그 말씀은 걸림돌이었습니다. 그리고 그들은 그것을 다른 방식으로 해석하려고 애썼습니다. 그러나 아마도 그런 설명들 중 아무것도 그들을 완전히 만족시키지 못했을 것입니다. 왜냐하면 예수님이 하신 이 특별한 말씀은 즉시 우리를 삶의 가장 큰, 그리고 아마도 가장 고통스러운 난제(難題), 즉 모든 존재들의 불평등이라는 난제와 대면하게 만들기 때문입니다.

물론 우리가 그 문제를 해결하기를 바랄 수는 없습니다. 성경이나 그 어떤 위대한 종교나 철학도 그렇게 할 수 없었습니다. 그러나 우리는 다음과 같은 일을 할 수는 있습니다. 즉 우리는 불평등이라는 난제가 갖고 있는 넓이와 깊이를 탐구할 수 있고, 설령 우리가 그 문제를 해결하지는 못할지라도,

그 문제와 더불어 사는 법을 찾을 수는 있습니다.

**소유와 비소유**

우리는 "있는 자는 받을 것이요"라는 말씀에 대해 생각할 때 다음과 같이 묻게 됩니다. "우리는 무엇을 갖고 있는가?" 그리고 우리는 자신이 재물, 친구, 지적 능력, 그리고 심지어 우리의 행동의 기초가 되는 상대적으로 높은 도덕성이라는 측면에서 많은 것을 받았음을 발견하게 될지도 모릅니다. 또한 그런 까닭에 우리는 우리에게 더 많은 것이 주어질 것이고, 반면에 그 모든 것들을 결여하고 있는 이들은 그들이 이미 갖고 있는 얼마 되지 않는 것까지 잃게 될 것이라고 예상할 수 있습니다.

더 나아가, 예수님의 비유에 따르면, 그런 이들이 갖고 있는 빈약한 한 달란트마저 다섯 달란트나 열 달란트를 갖고 있는 이들에게 넘어갈 것입니다. 우리는 그들이 더 가난해지기 때문에 더 부자가 될 것입니다. 그리고 설령 우리가 그런 불공평에 대해 항의할지라도, 우리는 삶이 그런 것으로 가득 차 있음을 부인하지 못합니다. 우리는 그것을 부인하지 못합니다. 따라서 우리가 다음과 같이 묻는 것은 당연합니다. 과연 우리는 자신이 갖고 있다고 믿는 것을 참으로 갖고 있고, 따라서 그것은 우리에게서 빼앗길 수 없는 것인가? 이것은 근심으로 가득 찬 질문이며, 그 근심은 우리의 본문에 대한 누가복음의 서술을 통해 강화됩니다. "없는 자는 그 있는 줄로 아는 것까지도 빼앗기리라"(눅 8:18).

어쩌면 그 많은 것들에 대한 우리의 "소유"(having)는 증대될 수 있는 종류의 소유가 아닐 수 있습니다. 또한 어쩌면 얼마 되지 않는 것들에 대한 가난한 자들의 소유는 그들을 성장하게 만드는 종류의 소유일 수도 있습니다. 예수님은 달란트 비유에서 이런 생각을 확증해 주십니다. 우리가 잃어버릴 위험에도 불구하고 사용하는 달란트는 우리가 실제로 갖고 있는 달란트입니다. 그러나 우리가 성장을 위해 위험을 무릅쓰며 사용하지 않은 채 그저 보존만 하고 있는 달란트는 우리가 실제로 갖고 있지 않은, 따라서 우리에게서 빼앗기게 될 달란트입니다. 그것들은 사라지기 시작합니다. 그러다가 어느 날 갑자기 우리는 자신이 그것을 잃어버렸다고, 아마도 영원히 잃어버렸다고 느낍니다.

### 빼앗긴 달란트

이 원리를 길든 짧든 우리 자신의 삶에 적용해 봅시다. 우리 모두의 기억 속에는 우리가 가진 것처럼 보였지만 실제로는 갖고 있지 않았던, 그리고 그로 인해 우리가 빼앗기고 말았던 많은 것들이 존재합니다. 우리는 그것들 중 몇을 삶의 비극적인 한계 때문에 잃어버립니다. 그것들은 다른 것들이 성장하도록 하기 위해 희생되어야 했습니다. 우리 모두에게는 어린아이의 순진함이 있었습니다. 그러나 순진함은 사용되거나 증대될 수 없습니다. 우리의 삶의 성장은 순진함이라는 원래의 선물의 희생을 통해서만 가능합니다. 그럼에도 때로 우리 안에서 우리가 빼앗긴 순진함에 대한 우울한 갈망이 일어납니다.

우리 모두는 여러 가지 일과 목표들에 대한 청년의 열정을 갖고 있었습니다. 그러나 그 모든 열정 역시 사용되거나 증대될 수 없습니다. 우리가 젊은 시절에 품었던 열정의 대상들 대부분은 몇 가지 일을 위해 희생되어야 합니다. 그리고 그 몇 가지 일들이 우리에게 진지하게 다가왔습니다. 그런 희생 없이는 그 어떤 성숙도 불가능합니다. 그러나 종종 잃어버린 가능성들에 대한 깊은 갈망과 열정이 우리를 사로잡습니다. 순진함과 청년기의 열정 - 우리는 그것들을 갖고 있었으나, 또한 그것들을 갖고 있지 않았습니다. 삶은 그것들이 우리에게서 떠날 것을 요구했습니다.

그러나 우리가 갖고 있었으나 너무나 당연한 것으로 여겼기에 빼앗기고만 다른 것들이 있습니다. 우리 중 어떤 이들은 자연을 통해 드러나는 경이로운 생명에 대해 아주 예민했습니다. 그러나 서서히 우리는 일과 사회생활의 압력 그리고 값싼 쾌락의 유혹하에서 그런 초기의 경이를 잃어버렸습니다 - 한낮의 생생함과 해질녘의 장관에서, 혹은 당당한 산들과 무한한 바다에서, 혹은 어린 동물이나 흙을 뚫고 나오는 꽃들의 완벽한 몸동작에서 느꼈던 삶에 대한 강렬한 기쁨과 신비감을 말입니다.

어쩌면 우리는 그런 감정을 다시 불러일으키려고 애쓸지 모릅니다. 그러나 우리는 자신이 텅 비어 있다고 느끼며 그 일에서 성공하지 못합니다. 우리는 그런 예민함을 갖고 있었으나, 또한 그것을 갖고 있지 않았습니다. 그리고 우리는 그것을 빼앗겼습니다.

우리 중 또 다른 어떤 이들은 음악과 시 그리고 위대한 문학과 드라마와 관련해 동일한 경험을 해왔습니다. 우리는 그 모든 것들에 열중했습니다. 우리는 그것들 안에서 살았고, 그것들을 통해서 우리의 일상적 삶을 넘어서는 삶을 만들어냈습니다. 우리는 그런 삶을 경험을 했으나 그것을 갖지는 못했습니다. 우리는 그런 삶이 성장하도록 허락하지 않았습니다. 그런 삶에 대한 우리의 사랑은 충분히 강하지 않았고, 그로 인해 우리는 그것을 잃었습니다.

많은 이들이 우주의 수수께끼를 풀고 진리를 발견하고자 하는 갈망이 그들의 삶의 원동력이 되었던 때를 기억합니다. 그들이 대학에 진학한 것은 중산층이 되거나 사회적·경제적 성공을 이루기 위한 조건을 얻기 위해서가 아니라, 지식에 대한 갈증 때문이었습니다. 겉보기에 그들은 더 많은 것이 추가될 수 있는 무언가를 갖고 있었습니다. 그러나 그들의 갈망은 충분히 강력하지 않았습니다. 그들은 그 갈망을 양성하는 데 실패했고, 그로 인해 그것을 빼앗겼습니다. 진리에 대한 편의주의와 무관심이 참된 학문적 관심을 대체했습니다. 때로 그들은 진리에 대한 사랑이 시들해진 것 때문에 마음 한편에 통증을 느낍니다. 그들은 자기들이 잃어버린 것이 결코 되돌아오지 않으리라는 것을 압니다.

우리 모두는 다른 사람과의 그 어떤 깊은 관계에서도 신중함과 양육이 필요하다는 것을 압니다. 그런 것이 없다면, 우리는 그 관계를 잃게 되며, 그렇게 잃어버린 관계를 회복하지 못합니다. 바로 이것이 무수한 인간적 비극의 뿌리인 "소유하며 소유하지 않음"(having and not having)이라는 형식입니다. 우리 모두는 그런 것에 익숙합니다.

그리고 가장 기본적인 종류의 "소유하며 소유하지 않음"이 있는데, 그것은 바로 우리가 하나님을 소유하며 소유하지 않는 것입니다. 어쩌면 우리는 어린 시절에 그리고 그 시절을 넘어서까지도 매우 풍성하게 하나님을 경험했을 것입니다. 우리는 그분의 임재를 강렬하게 느꼈던 순간들을 기억할 것입니다. 우리는 풍성한 마음으로 그분께 기도드렸던 것과 말씀과 찬양과 거룩한 장소를 통해 그분을 만났던 것을 기억할 것입니다. 우리는 하나님과 소통했습니다. 그러나 우리는 그런 소통을 빼앗겼습니다. 왜냐하면 우리는 그것을 갖고 있었으나 갖고 있지 않았기 때문입니다. 우리는 그것을 성장시키는 데 실패했습니다. 그로 인해 그것은 빈 공간을 남긴 채 천천히 사라지고 말았습니다. 우리는 우리의 종교적 전통들을 의심해서가 아니라—그런 의심은 하나님 안에서의 풍성한 삶에 속해 있습니다—한때 우리가 무한히 관심을 가졌던 것으로부터 돌아섰기 때문에 나태하고, 냉소적이고, 무관심하게 되었습니다.

이런 생각들이 불평등이라는 난제에 접근하기 위한 첫 단계를 이룹니다. 가진 자들은, 만약 그들이 가진 것을 정말로 갖고 있다면, 또한 그것을 사용하고 그것을 성장시킨다면, 더 많은 갖게 됩니다. 그리고 갖지 못한 자들은, 그들이 실제로는 그것을 갖고 있지 않기 때문에, 그들이 갖고 있는 것처럼 보이는 것을 잃어버리게 됩니다.

### 불평등과 개별성의 구별

그러나 불평등의 문제는 아직 해답을 얻은 게 아닙니다. 왜냐하면 이제 우리는 다음과 같이 물어야 하기 때문입니다. 어째서 우리 중 어떤 이들은 처음부터, 즉 우리의 달란트를 사용하거나 낭비하는 것이 가능하기 전부터 다른 이들보다 더 많은 것을 받는가? 어째서 한 종은 다섯 달란트를, 다른 종은 두 달란트를, 그리고 또 다른 종은 한 달란트를 받는 것인가? 어째서 한 사람은 극심한 가난 속에서 태어나고, 다른 사람은 풍요 가운데 태어나는가?

이런 질문에 대해 많이 받은 사람에게는 많은 것이 요구되고 적게 받은 사람에게는 적은 것이 요구된다고 답하는 것은 적절하지 않습니다. 왜냐하면 그런 질문을 제기하게 된 것이 바로 그런 최초의 내적, 외적 불평등 때문이기 때문입니다. 사람이 태어날 때 많은 것을 얻을 수 있는 능력이 어째서 이 사람보다 저 사람에게 더 많이 주어지는 것입니까? 어째서 많은 것을 요구받을 수 있는 사람에게 그토록 많은 것이 주어지고, 반면에 다른 이에게는 그가 받은 것이 거의 없기 때문에 요구할 수 있는 것이 그렇게 적은 것입니까?

만약 우리가 이 문제를 단순히 개인들의 측면에서뿐 아니라 계급과 인종과 국가라는 측면에서 생각해 본다면, 정치적 불평등의 문제가 또한 제기될 것이고, 그와 더불어 사람들이 불평등을 없애기 위해 취하는 여러 가지 방법들의 문제 역시 제기될 것입니다. 불평등이라는 난제를 풀고자 하는 의지는 모든 혁명과 전쟁의 원동력입니다. 그러나 전쟁도 혁명도 그 문제를 풀지 못합니다. 그리고 설령 우리가 미래에는 대부분의 사회적 불평등이 제거되리라고 상상할지라도, 다음 세 가지 문제들은 여전히 남아 있습니다. 첫째, 육체와 정신에 주어진 달란트의 불평등, 둘째, 자유와 운명에 의해 초래된 불평등, 셋째, 평등의 시간이 도래하기 이전의 모든 세대들이 자연에 의해 그 축복으로부터 배제됨으로 인해 발생하는 정의의 불평등. 그 중 마지막 것은 존재할 수 있는 가장 큰 불평등이 될 것입니다!

안 됩니다! 우리는 삶의 가장 깊고 가장 고통스러운 문제들 중 하나 앞에서 얄팍하게 그리고 어리석게 사회적 유토피아 속으로 도망치려 해서는 안 됩니다. 우리는 "지금" 살아야 합니다. 우리는 "이 세상에서의 삶"을 살아야 합니다. 우리는 "오늘의 불평등"이라는 난제와 대면해야 합니다.

불평등이라는 난제를 우리들 각자가 독특하고 비교할 수 없는 존재라는 사실과 혼동하지 맙시다. 우리가 개별적 존재가 되는 것은 분명히 인간으로서 우리의 위엄에 속한 문제입니다. 우리에게 주어진 이 존재는 우리를 심각하게 위협하는 순응의 회색 물결 속으로 사라져서는 안 되며, 오히려 잘 사용되고 강화되어야 합니다. 우리는 모든 개별성과 모든 인간의 자아의 독특성을 옹호해야 합니다. 그러나 또한 우리는 이런 주장에 속아서 그것이 불평등이라는 난제에 대한 해답이라고 믿어서도 안 됩니다.

불행히도 사회적 부정의를 정당화하기 위해서 이런 혼동을 이용하는 사회적·정치적 반동주의자들이 존재합니다. 그들은 미래의 언젠가에는 불평등이 사라지리라고 꿈꾸는 사람들만큼이나 어리석습니다. 병자와 정신이상자들을 위한 병원들, 교도소들, 노동력을 착취하는 공장들, 전쟁터, 굶주리는 사람들, 가족의 비극들, 혹은 도덕적 타락 등을 목격해 온 이들은 개별성이라는 선물과 불평등이라는 난제를 혼동해서는 안 됩니다. 그는 그 어떤 의미의 손쉬운 위안으로부터도 만족을 얻으려 해서는 안 됩니다.

### 타인의 불행에 대한 질문

이제 다음과 같은 질문을 제기함으로써 불평등이라는 난제를 통찰하려는 시도의 세 번째 단계를 시작해 봅시다. 어째서 우리 중 어떤 이들은 우리에게 주어진 것을 활용하고 증대시키는 반면, 다른 이들은 그들에게 주어진 것을 활용하지도 못하고 결국 잃어버리는가? 어째서 하나님은 구약성경의 선지자에게 "백성들의 마음을 둔하게 하며 그들의 귀가 막히고 그들의 눈이 감기게 하라"(사 6:10)고 말씀하시는가?

이런 질문들에 대해 우리가 어떤 이들은 그들의 자유를 책임 있게 사용하고 그들이 해야 할 것을 하는 반면, 다른 이들은 그들 자신의 죄책으로 인해 실패하기 때문이라고 대답하는 것이 옳을까요? 아주 확실해 보이는 이런 대답은 우리가 그것을 우리 자신에게 적용할 때만 옳습니다. 우리들 각자는 자신에게 주어진 것의 중대나 상실을 자신의 책임의 문제로 보아야 합니다. 우리의 양심은 우리에게 자신이 잃어버린 것과 관련해 자신 이외의 다른 누군가나 무언가를 비난해서는 안 된다고 말합니다. 그러나 우리가 다른 이들의 곤경에 대해 생각할 때, 이런 대답은 옳지 않습니다.

우리는 자신에 대해 크게 낙심해 우리를 찾아오는 누군가에게 "당신에게 주어진 것을 활용하라"고 말해서는 안 됩니다. 왜냐하면 그는 다름 아니라 그렇게 할 수가 없기 때문에 우리를 찾아오는 것이기 때문입니다. 또한 우리는 자신의 처지 때문에 절망에 빠진 사람에게 "다른 사람이 되려고 해보라"고 말해서는 안 됩니다. 왜냐하면 자신에게 벗어나지 못하는 것이야말로 그의 절망의 정확한 의미이기 때문입니다. 우리는 자신이 처한 환경의 파괴적인 영향을 극복하지 못하고 그로 인해 죄와 불행에 빠진 사람들에게 "좀더 힘을 내보라"고 말해서는 안 됩니다. 왜냐하면 그들이 운명이나 환경으로 인해 빼앗긴 것이 바로 그런 힘이기 때문입니다.

분명히 그들은 모두 인간입니다. 그리고 그들 모두에게는 자유가 주어져 있습니다. 그러나 또한 그들 모두는 운명에 예속되어 있습니다. 우리는 사람들에게 (보다 훌륭하게 행동할-역주) 자유가 있다는 이유로 그들을 비난해서는 안 되고, 또한 그들이 나름의 운명이라는 짐을 지고 있다는 이유로 그들을 변호해서도 안 됩니다.

우리는 그들을 판단해서는 안 됩니다. 또한 우리가 자신을 판단할 때조차 그런 판단이 최종적인 것이 아니라는 것을 염두에 두어야 합니다. 왜냐하면 그들과 마찬가지로 우리 역시 궁극적인 심판 아래에 서 있기 때문입니다. 불평등이라는 난제는 바로 그 심판 안에서 영원한 답을 얻습니다. 그러나 그 답은 우리의 것이 아닙니다. 우리가 그런 질문을 해야 한다는 것, 그리고 불편한 양심을 갖고서 "어째서 그들은 그런 불행을 당하고, 우리는 그렇지 않은가?" 하고 묻는 것이야말로 우리가 처한 곤경입니다.

우리는 우리와 가까운 사람들의 불행에 대해 생각하면서 묻습니다. "우리가 부분적으로 책임이 있는가?" 그러나 설령 우리에게 책임이 있다고 할지라도, 불평등이라는 난제는 해결되지 않습니다. 불편한 양심은 또한 우리와 가장 멀리 떨어진 사람들에 관해 묻기 때문입니다. "어째서 우리가 아니고 그들인가? 어째서 내 아이 혹은 수많은 아이들 중 어떤 아이가 유아기를 넘어서까지 성장할 기회를 얻기도 전에 죽는 것인가? 어째서 내 아이 혹은 어떤 아이가 정신이나 마음이 온전치 못한 상태로 태어나는 것인가? 어째서 내 친구나 친척 혹은 누군가의 친구나 친척이 정신적으로 쇠약해져서 그의 자유와 운명을 모두 잃어버리는가? 어째서 많은 재능을 지닌 내 아들이나 딸이 그런 재능을 허비하고 빼앗기는 것인가? 어째서 그런 일들이 어떤 부모들에게 일어나는 것인가? 그리고 어째서 이 소년이나 저 소녀의 창의력이 폭군 같은 아버지나 소유욕이 강한 어머니로 인해 깨지는 것인가?"

이런 질문들 중 아무것도 우리 자신의 불행과 관련되어 있지 않습니다. 지금 우리는 "왜 이런 일이 나에게 일어나는 것인가?" 하고 묻는 게 아닙니다. 우리가 묻는 질문은 하나님께서 욥을 낮추신 후 다시 높이셔서 자신과 교제하게 하시는 것을 통해 대답하셨던 욥의 질문이 아닙니다. 그것은 "나를 위한 하나님의 정의와 사랑은 어디에 있는가?" 하는 오래되고 긴급한 질문이 아닙니다. 오히려 그것은 그런 것들과 정반대되는 질문입니다. 즉 그것은 "어째서 그런 일이 나에게는 일어나지 않고 다른 누군가에게, 수많은 다른 사람들에게, 하나님의 대답을 받아들일 수 있었던 욥의 힘조차 갖고 있지 못한 자들에게 일어나는가?" 하는 질문입니다.

예수님은 어째서 청함을 받은 자는 많은데 택함을 입은 자는 적은지 물으십니다(마 22:14). 그리고 그분은 그 질문에 대답하지 않으시고, 단지 그것이 인간의 곤경이라고 말씀하실 뿐입니다. 그렇다면 우리는 질문하기를 그치고서 많은 사람들을 그들의 공동체 밖으로 내던지고 절망과 자기파괴에 빠지게 하는 하나님의 심판을 겸손하게 받아들여야 하는 것일까요? 우리는 사랑에 대한 심판의 영원한 승리를 받아들일 수 있을까요?

그럴 수는 없습니다. 그 어떤 사람도, 설령 그가 그런 맥락에서 설교를 하면서 사람들을 위협할지라도, 그럴 수는 없습니다. 그가 절대적 확실성을 갖고서 자신을 영원히 거부된 자로 여길 수 없는 한, 그의 그런 설교와 위협은 기만적인 것일 수밖에 없습니다. 과연 그 누가 자신을 영원히 거부된 자로 여길 수 있겠습니까?

그러나 만약 이것이 가장 깊은 차원의 불평등이라는 난제에 대한 해결책이 아니라면, 우리는 기독교 전통의 경계선 밖으로 나아가 우리에게 이 세상에서의 삶이 우리의 영원한 운명을 결정짓는 것이 아니라고 말하는 사람들의 말에 귀를 기울여도 되는 걸까요?

그들은 우리의 과거의 삶과 우리가 그 속에서 허비하거나 성취한 것에 기초를 둔 우리의 현재의 삶과 같은 다른 삶이 있을 거라고 말합니다. 이것은 진지한 가르침이며 기독교에

불평등이라는 난제 **63**

완전히 낯선 것도 아닙니다. 그러나 우리는 과거에 우리들 각자가 어떤 존재였는지 모르고 미래에 어떤 상태가 될지 알 수 없기에, 그런 삶은 참으로 삶에서 삶으로 발전해 가는 "우리의" 운명이 아니라, 각자의 삶을 살고 있는 "다른 누군가의" 운명이라고 할 수 있을 것입니다. 그러므로 이런 가르침 역시 불평등이라는 난제를 해결하지 못합니다.

### 불평등과 더불어 사는 용기

실제로 전체의 운명과 동떨어진 단일한 존재의 일시적이고 영원한 운명과 관련된 "우리의" 문제에 대해서는 아무런 해답이 없습니다. 불평등이라는 난제와 관련해 인간적으로 가능한 해답은 오직 시간과 영원 안에 있는 모든 존재들의 연합 안에만 존재합니다. 여기서 "인간적으로 가능한"이라는 말은 불평등이라는 난제를 제거해 주는 해답을 의미하는 게 아니라, 우리가 그것과 더불어 살 수 있는 해답을 의미합니다.

모든 존재들의 궁극적 연합이 있습니다. 그 연합은 모든 존재들이 거기로부터 나오고 거기로 돌아가는 하나님의 삶에 뿌리를 두고 있습니다. 인간뿐 아니라 비인간까지 포함해 모든 존재들은 그 연합에 참여합니다. 그리고 그로 인해 그들 모두는 서로에게, 즉 서로의 "소유"(having)와 서로의 "비소유"(not having)에 참여합니다. 우리가 모든 존재들의 이런 연합을 의식할 때, 우리에게 무언가가 일어납니다.

다른 이들의 비소유는 우리의 소유의 성격을 변화시킵니다. 그것은 우리의 안전을 약화시키고, 또한 우리가 자신을 넘어서 이해하고 주고 나누고 돕도록 우리를 내몹니다. 다른 이들이 죄와 범죄와 불행에 빠지는 것은 우리에게 주어진 은혜의 성격을 바꾸지 않습니다. 그러나 그것은 우리로 하여금 우리 자신의 숨겨진 죄책을 깨닫게 합니다. 그것은 우리에게 자신들의 죄와 범죄 때문에 고통을 당하는 사람들은 또한 우리를 위해 고통당하는 것임을 보여 줍니다. 왜냐하면 우리는 그들의 죄책에 대해 책임이 있으며 그들이 고통을 당하는 것처럼 고통을 당해야 마땅하기 때문입니다.

온전한 인간이 될 수 있었을 사람들이 그렇게 되지 못했다는 사실에 대한 우리의 인식은 우리의 온전한 인간됨의 상태를 바꿉니다. 그들의 때이른 죽음과 이르거나 늦은 시기의 신체적·정신적 붕괴는 우리 자신의 개인적 삶과 건강에 대한 지속적인 위협, 아직 죽은 것은 아니지만 죽어감, 아직 파멸은 아니지만 파멸로 이어지는 붕괴를 초래합니다. 우리가 마주치는 모든 죽음 속에서 우리의 무언가가 죽어갑니다. 우리가 마주치는 모든 질병 속에서 우리의 무언가가 붕괴를 향해 나아갑니다.

우리는 이런 대답과 더불어 살아갈 수 있습니까? 우리는 우리가 자신 안에 은둔하는 것에서 해방되는 것만큼만 그 대답과 더불어 살아갈 수 있습니다. 그러나 아무도 모든 사람과 모든 것 안에 현존하는 능력, 즉 우리가 거기에서 나오고 거기로 돌아가는, 또한 우리를 우리 자신에게 주고 우리 자신으로부터 해방시키는 영원한 것에 사로잡히지 않는 한, 자기 자신으로부터 해방될 수 없습니다.

십자가에 달리신 그리스도 안에서 나타나신 하나님께서 한 아기의 죽음, 죄인들에 대한 심판, 정신 분열, 기아와 기근, 그리고 심지어 인간의 자기 거부에까지 참여하신다는 것이야말로 기독교의 메시지의 위대성이자 핵심입니다. 하나님의 현존이 꿰뚫지 못할 인간의 상황이란 존재하지 않습니다. 바로 그것이 인간의 모든 상황 중 가장 극단적인 것이라고 할 수 있는 십자가가 우리에게 말해 주는 내용입니다.

불평등이라는 난제는 사람들이 서로 분리되어 있는 인간의 차원에서는 해결될 수 없습니다. 그러나 그 문제는 우리 모두와 모든 존재의 삶에 대한 하나님의 참여를 통해 영원히 해결됩니다. 비록 우리의 유한한 마음으로는 그 문제를 해결할 수 없을지라도, 하나님의 참여에 대한 확신은 우리에게 불평등이라는 난제를 견뎌낼 수 있는 용기를 제공합니다.

# 4

# 내가 원하는 바 선은 행하지 아니하고

<sup>19</sup>내가 원하는 바 선은 행하지 아니하고 도리어 원하지 아니하는 바 악을 행하는도다 <sup>20</sup>만일 내가 원하지 아니하는 그것을 하면 이를 행하는 자는 내가 아니요 내 속에 거하는 죄니라

로마서 7:19-20

"**내가 원하는 바 선은 행하지 아니하고** 도리어 원하지 아니하는 바 악을 행하는도다"(19절). 바울의 이 말은 우리의 본성을 정확하게 묘사하는 걸까요? 선을 행하려는 의지와 그것을 이루는 일 사이에는 이 말이 묘사하는 것만큼이나 극단적인 균열이 존재하는 걸까요? 혹시 우리는 그런 고발에 대해 우리가 종종 우리가 바라는 선을 행하고 우리가 바라지 않는 악을 행하지 않는다고 주장하면서 맞서고 있지는 않은가요? 바울은 어쩌면 은혜의 밝음을 아주 어두운 배경과 대조해 묘사함으로써 그것을 강조하기 위해 인간 안에 존재하는 악을 조악하게 과장하고 있는 것은 아닐까요?

### 삶의 대차대조표

이런 질문들은 기독교를 비난하는 모든 이들이 제기하는 질문들입니다. 그러나 그것들은 또한 자신을 기독교인이라고 부르거나 최소한 기독교 메시지가 요구하는 존재가 되기를 바라는 우리들 자신이 제기하는 질문이기도 합니다. 실제로 우리 중 아무도 자신이 늘 자기가 바라지 않는 악을 행한다고 믿지는 않습니다. 때로 우리는 우리가 바라는 선을 행하기도 합니다. 예를 들어, 우리는 심정적으로 동정할 수 없는 사람에게 사랑을 베풀거나, 어떤 일을 위해 자기를 훈련하거나, 그런 일이 우리를 위험에 빠뜨릴 수 있는 상황에서도 용기 있게 불순종하는 경우가 있습니다.

이런 행위들로 인해 우리의 도덕의 대차대조표는 그렇게 나쁘지만은 않습니다! 사실 자신의 행동과 관련해 훌륭한 대차대조표를 제시하지 않으면서 인간의 전적 타락에 대해 설교하는 사람이 과연 있겠습니까? 아마도 이것은 바울 자신도 마찬가지였을 것입니다. 적어도 그는 고린도 교인들에게 보내는 편지에서 자신이 당한 고통과 자신이 행한 일들에 관해 자랑하면서 우리 앞에 그런 훌륭한 대차대조표를 제시했습니다.

분명히 그는 자신의 자랑을 어리석은 짓이라고 부릅니다(고후 11:1). 그러나 우리 역시 우리의 자랑이 어리석다고 주장하면서도 자신에 대한 자랑을 계속하지 않습니까? 겉으로는 자랑할 것이 아무것도 없다고 믿는 이들이 실제로는 자랑을 하지 못하면 병에 걸리고, 낙담하고, 자존심에 상처를 받지 않습니까? 심지어 그들은 자기들이 가시화할 수 없는 절망의 깊이에 대해서도 자랑합니다. 왜냐하면 최소한의 자부심조차 없이 살아갈 수 있는 사람은 아무도 없기 때문입니다. 심지어 어떤 이들은 자기 자신에 대한 절망에 대해서까지 자부심을 느낍니다.

### 인간의 곤경

그러나 그렇다면 어째서 우리는 바울의 말을 무시하지 못하는 것일까요? 어째서 우리는 "내가 원하는 바 선은 행하지 아니하고"라는 그의 말에 긍정적으로 반응하는 걸까요? 그것은 우리가 그것을 단순히 그 말이 표현하는 선과 악 사이의 대차대조표의 문제가 아니라, 우리의 전 존재 혹은 인간으로서 우리의 상황의 문제, 다시 말해, 우리가 영원—그것은 우리의 존재의 근거이자 목표이자 심판입니다—앞에 서는 것의 문제라고 느끼기 때문입니다.

우리로부터 나오지 않으나 우리 안에 존재하는, 또한 우리가 미워하는 동시에 기꺼이 받아들이는 어떤 힘이 우리를 사로잡는 것이야말로 우리 인간이 처한 곤경(困境)입니다. 우리는 그 힘에 매료되고, 그것과 협력하고, 그것에 순종합니다. 그러나 우리는, 만약 우리가 그것에 맞서고 그것을 통제할 또 다른 힘에 의해 붙잡히지 않는다면, 그 힘이 우리를 파괴하리라는 것을 압니다. 우리는 우리를 파괴할 수 있는 것에 매료됩니다. 그리고 때로 그것에 의해 파괴되기를 바라는 숨겨진 갈망을 느끼기도 합니다. 이것이 바울이 자신에게서 발견했고 우리들 대다수가 우리 안에서 발견하고 있는 우리의 상황입니다.

자신을 기독교인이라고 부르는 부모와 교사와 설교자들은 우리가 선하게 되어야 하고 하나님의 뜻에 복종해야 한다고 말합니다. 그들 대부분에게 "하나님의 뜻"(the will of God)은 우리에게 자기들의 관습을 받아들일 것을 요구하는 "사회적으로 옳은 사람들의 뜻"(the will of those socially correct people)과 전혀 다르지 않습니다. 그들은 만약 우리가 그런 미덕을 행하려는 의지만 갖고 있다면, 우리가 그것을 행할 수 있을 것이고, 시간과 영원 속에서 - 그러나 무엇보다도 시간 속에서 - 보상을 얻게 될 것이라고 말합니다.

우리는 오늘날 그런 식의 설교가 점점 더 의심스러운 것이 된 것에 대해 하나님께 감사드려야 합니다. 그렇게 된 까닭은 그런 설교가 인간의 실제 상황에 부합하지 않기 때문입니다. 우리 시대의 수많은 진지한 사람들은 인간으로서의 자신들의 곤경을 인식하기 시작했습니다. 바울의 메시지의 모든 문장들은 소위 "선한 의지를 지닌 사람들"을 향하고 있습니다. 바울이 보기에 그들은 그들의 선한 의지에 맞서 행동하도록 어떤 힘에 의해 내몰리는 이들이었습니다. 그리고 그들은 바로 우리들입니다.

사실 우리 중 그 누가 선한 의지로 가득 차 있지 않겠습니까? 그러나 아마도 우리는, 만약 우리가 자기 자신을 좀더 잘 알게 된다면, 이런 선한 의지의 일부는 사실 그다지 선한

게 아니며, 우리가 자신이 의식하지도 못하는 어떤 힘에 의해 내몰리고 있는 게 아닌가 하는 의심을 하게 될지도 모릅니다.

우리가 여기에서 선한 의지를 구현하면서도 실제로는 그런 선함 아래에 숨어 있는 어떤 층에서는 그와 정반대되는 것을 위해 일하는 자들에 대해 설명하는 것은 불필요합니다. 심리학자들과 다른 이들이 이미 그런 일을 충분히 해왔으므로 우리가 여기에서 그 일을 반복할 필요는 없을 것입니다.

그러나 비판적인 사람들이 우리 시대에 관해 말해야 하는 것들에도 불구하고, 우리가 우리의 시대에 관해 알아야 할 가장 위대한 사실들 중 하나는 오늘날 인간은 그의 행동의 동기들을 그 자신이나 다른 사람들에게 영원히 숨기기가 어렵다는 것입니다. 이런 통찰에 이르기 위해 사용된 방법들에 관해 우리가 어떻게 생각하든 상관없이, 이런 통찰 자체는 매우 값진 것입니다.

자기의 사업이나 직업에서 헌신적으로 그리고 성공적으로 일하는 사람이 자신이 하고 있는 일의 선함에 대해 확신하는 것 역시 어려워졌습니다. 그는 일에 대한 자신의 헌신이 참된 인간적인 헌신에서 도망치는, 그리고 무엇보다도 그 자신에게서 도망치는 방법이 될 수도 있다는 사실을 외면할 수 없기 때문입니다.

또한 자녀들을 사랑하는 어머니가 자신은 오직 아이들에 대한 사랑만 느낀다고 확신하는 것 역시 어렵게 되었습니다. 그녀는 아이들의 안녕에 대한 자신의 근심이 자녀들을 지배하려는 의지의 표현이거나 자녀들에게서 해방되고자 하는 무겁게 가려진 적대감으로 인한 죄책감의 한 형태일 수도 있다는 것을 더 이상 숨길 수 없습니다.

또한 우리는 모든 도덕적 자기억제 행위를 마냥 찬양할 수도 없습니다. 왜냐하면 우리는 그것이 이미 의문시되고 있지만 오래 전부터 전해 내려온 행동규범에 맞서는 반란을 막고자 하는 비겁함일 수도 있다는 것을 알기 때문입니다. 또한 우리는 모든 용감한 불순종을 찬양할 수도 없습니다. 왜냐하면 우리는 그것이 한 개인이 불순종 집단의 설득력 있는 무책임성에 맞서지 못하기 때문이라는 것을 알기 때문입니다.

**죄의 의미**
이런 경우에 그리고 무수히 많은 다른 경우에, 우리는 우리 안에 거하면서 우리의 의지를 그 의지 자체와 맞서도록 만드는 어떤 힘을 경험합니다. 그 힘의 이름은 "죄"(sin)입니다. 오늘날 비기독교인은 물론이고 기독교인들 사이에서 이 단어를 언급하는 것 이상으로 위험한 것은 아무것도 없습니다. 왜냐하면 모든 사람들이 그 단어에 대해 굉장한 저항감을 갖고 있기 때문입니다. 그 단어는 평판이 나빠진 단어입니다. 우리 중 어떤 이들에게 그 단어는 거의 우스꽝스러운 소리로 들리고, 진지한 성찰은커녕 웃음을 유발하는 경향이 있습니다. 그 단어를 좀더 진지하게 다루는 다른 이들에게 그 단어는 그들의 인간적 위엄에 대한 공격을 의미합니다. 그리고 그것으로 인해 고통을 겪어 온 또 다른 이들에게 그 단어는 그들이 좋아하는 것을 하지 못하게 하고 그들이 싫어하는 것을 하도록 요구하는 엄격한 교사의 위협적인 얼굴을 의미합니다.

그런 까닭에 내 자신을 포함해 기독교의 선생들조차 "죄"라는 단어의 사용을 피하려 합니다. 우리는 그 단어가 얼마나 많은 왜곡된 이미지를 낳을 수 있는지 압니다. 우리는 그 단어를 회피하거나 다른 단어로 대체하려 합니다. 그러나 그 단어는 이상한 특성을 갖고 있습니다. 그것은 늘 되돌아옵니다. 우리는 그것을 피할 수 없습니다. 그것은 추한 것만큼이나 집요합니다. 그러므로 우리가 그것과 대면하고 그것이 참으로 무엇인지 묻는 편이 더 정직한 것일 수 있습니다. 지금 나는 이 말을 내 자신에게 하고 있는 것입니다.

확실히 죄는, 선한 의지를 지닌 사람들이 우리에게 믿게 하려는 것, 즉 올바른 방식으로 행동하는 데 대한 실패, 우리가 해야 하고 할 수 있었던 선한 일을 하는 데 대한 실패를 의미하지 않습니다. 만약 죄의 의미가 그런 것이라면, 우리는 그것에 대해 "인간적 약함"이라는 보다 덜 공격적이고 덜 추한 용어를 사용할 수 있을 것입니다. 그러나 그것은 죄가 의미하는 것이 아닙니다. 그리고 우리 중 자신의 내면과 주변에서 마귀의 힘을 경험했던 이들은 그런 묘사가 우스꽝스럽다는 것을 알 것입니다.

그런 까닭에 우리는 바울에게, 도스토엡스키(Dostoevski)의 이반 카라마조프(Ivan Karamazov, 도스토엡스키의 소설 『카라마조프가의 형제들』의 주인공들 중 하나-역주)나 토마스 만(Thomas Mann)의 파우스트 박사(Dr. Faustus, 토마스 만의 동명 소설의 주인공-역주)에게 돌아가 그들에게서 죄가 무엇인지를 배웁니다. 또한 우리는 파시스트와 나치의 악마적인 힘에 의해 상상을 초월하는 끔찍한 방식으로 파괴된 게르니카(Guernica, 피카소의 동명 그림-역주)라는 작은 바스크 족 마을에 대한 피카소(Picasso)의 그림을 통해 그것을 배웁니다. 또한 우리는 우리에게 편안한 감정은커녕 고통과 분열의 느낌을 제공하는 음악의 혼란스러운 선율을 통해, 극장들을 가득 채우고 있는 악과 죄책에 대한 이미지들을 통해, 혹은 우리의 소설들 속에 넘쳐나는 무의식적 동기들에 대한 묘사를 통해 죄의 의미를 배웁니다.

오늘날 우리가 교회와 교회의 설교들을 넘어서 예술가들과 작가들에게 죄의 의미를 물어야 한다는 것은 주목할 만한 일입니다. 그러나 우리가 죄의 의미에 대해 배울 수 있는 또 다른 장소가 있을 수도 있는데, 그것은 바로 우리 자신의 마음입니다.

바울은 "죄들"(sins)에 대해 거의 말하지 않습니다. 그러나 그는 "죄"(Sin)에 대해서는 자주 말합니다 — 대문자 S로 시작되는 단수로서의 죄, 즉 세상과 마음 그리고 사람들과 국가들을 지배하는 힘으로서의 죄에 대해서 말입니다. 당신은 죄를 그런 이미지로 생각해 본 적이 있습니까? 그것은 성경이 묘사하는 이미지입니다. 그러나 과연 얼마나 많은 기독교인들과 비기독교인들이 그것에 대해 알고 있을까요?

아마도 우리들 대부분은 집과 학교와 교회에서 우리가 하고 싶어 하지만 해서는 안 되는 많은 일들이 있다고 배웠을 것입니다. 만약 우리가 그런 일을 한다면, 우리는 죄를 짓는 셈입니다. 또한 우리는 우리가 하고 싶어 하지 않지만 해야 하는 일들에 대해 들었을 것입니다. 만약 우리가 그런 일을 하지 않는다면, 우리는 죄를 짓는 셈입니다.

우리는 이런저런 금지사항과 명령들의 목록을 갖고 있습니다. 만약 우리가 그것들을 따르지 않는다면, 우리는 죄를 짓는 셈입니다. 그 결과 우리는 매일 하나나 그 이상의 죄를 짓게 됩니다. 비록 우리가 진지하게 그리고 선한 뜻을 갖고서 그 숫자를 줄이려고 애썼을지라도 말입니다. 바로 이것이 죄에 대한 우리의 이미지였고, 아마 지금도 그럴 것입니다. 그것은 빈약하고 좀스럽고 왜곡된 이미지이며, 죄라는 단어의 평판이 나빠지게 된 이유이기도 합니다.

"복음"(good news)이라고 불리는 기독교 메시지의 이해를 위한 첫 단계는 죄들의 목록을 의미하는 죄의 이미지를 추방하는 것입니다. 그런 이미지에 묶여 있는 이들은 용납될 수 없는 자에 대한 용납이라는 메시지인 기독교의 복음을 받아들이기가 몹시 어렵습니다. 그들의 절반의 악함과 절반의 의로움은 그들로 하여금 동일한 사람 안에 총체적인 악함과 총체적인 의로움이 동시에 존재한다는 메시지에 대해 둔감해지도록 만듭니다. 그들은 자신들에 대해 총체적인 심판을 감행할 용기를 내지 못하기 때문에 또한 자신들에 대한 총체적인 용납을 믿을 용기도 내지 못합니다.

### 자아의 균열

그러나 죄가 일련의 규율 목록에 대한 위반 이상이라는 사실을 마음으로 경험했던 자들은 또한 모든 "죄들"(sins)은 "죄"(Sin), 즉 소외와 내적 갈등을 일으키는 힘의 드러남이라는 것을 압니다. 죄는 우리 안에 존재하며, 우리를 지배하며, 우리로 하여금 우리가 하고 싶어 하지 않는 것을 행하게 합니다. 그것은 우리 안에서 우리가 자신과의 일체성을 잃도록 만드는 균열을 낳습니다. 바울은 이런 균열에 대해 두 번에 걸쳐 말합니다. "이제는 그것을 행하는 자가 내가 아니요 내 속에 거하는 죄니라"(롬 7:17). "만일 내가 원하지 아니하는 그것을 하면 이를 행하는 자는 내가 아니요 내 속에 거하는 죄니라"(20절).

이런 균열로 인해 고통을 당해본 사람은 그것이 얼마나 예기치 못했던 무서운 것이 될 수 있는지 압니다. 우리 마음속에서 여러 가지 생각이 일어납니다. 우리는 여러 가지 말들을 쏟아냅니다. 그리고 자신도 모르는 사이에 갑자기 그리고 경고도 없이 무언가를 행합니다. 그리고 그렇게 벌어진 일을 살필 때 우리는 다음과 같이 느낍니다. "이런 일을 한 것이 나일 수는 없어. 나는 이 일 안에서 내 자신을 발견할 수 없어. 무언가가 나를 덮쳤어. 내가 알아차릴 수도 없었던 무언가가 말이야. 그러나 그것은 거기에 있고, 나는 여기에 있어. 그것을 행한 것은 내가 분명하지만, 그것은 낯선 나야. 그것은 실제의 나, 가장 참된 나의 자아가 아니야. 나는 내가 알지 못하는 어떤 힘에 사로잡혔던 거야. 그러나 이제 나는 그것이 나에게 손을 뻗칠 수 있을 뿐 아니라 내 안에 거주하고 있다는 것을 알아."

우리는 참으로 이런 사실을 알고 있습니까? 혹은 우리는, 일순간 충격을 받은 후, 그런 앎을 억누릅니까? 혹은 도덕적 위험을 초래할 수 있는 상황을 피하면서 가족과 학교와 사회의 규범들에 의해 결정된 우리의 비교적 잘 정돈된 삶에 여전히 만족하고 있습니까? 그런 삶에 만족하는 사람들에게 바울의 말은 공연한 소리에 불과합니다. 그들은 자신들의 인간적 곤경을 대면하기를 거부합니다.

그러나 그들에게 그 이상의 무언가가 일어납니다. 하나님께서 그들을 보다 큰 죄 속으로 밀어넣으셔서 그들로 하여금 그들의 참된 현실을 깨닫게 하십니다. 이렇게 말하는 데에는 담력이 필요합니다. 그러나 그것은 가장 심원한 신앙적 경험을 했던 사람들이 했던 말입니다.

하나님께서 그들을 보다 큰 죄 속으로 밀어 넣으셨을 때 그들은 깨닫게 하시는 하나님의 손길을 느꼈습니다. 그리고 깨닫게 되었을 때 그들은 자기들이 늘 거기로부터 돌아섰던 거울에 비추이는 자신의 모습을 보게 되었습니다. 더 이상 자신을 숨길 수 없었던 그들은 자기 거부라는 심연 속에서 질문을 제기했습니다. 자기 거부라는 절망을 극복할 수 있는 용납의 힘인 기독교 메시지는 그런 질문에 대한 대답입니다. 이런 의미에서 보다 큰 죄는 우리로 하여금 우리 자신을 인식하도록 만드는 하나님의 방법일 수 있습니다.

### 죄를 증진시키는 왜곡

그러므로 우리는 바울과 더불어 묻습니다. "우리 안에 거하면서 우리를 이런 힘의 거처로 만드는 것은 무엇인가?" 그는 그것은 죄가 그 안에 숨는 "우리의 지체들"(our members)이라고 답합니다. 그는 또한 그런 장소를 "육신"(flesh)이라고 부르기도 하고, 때로는 "죽을 몸"(our body of death)에 대해 말하기도 합니다.

그러나 우리 안에는 또한 이런 힘에 저항하는 힘들이 있습니다. 가령 우리의 가장 깊은 자아, 우리의 마음, 그리고 우리의 정신 같은 것들 말입니다. 이런 말들로 바울은 오늘날 우리가 하듯이 인간의 본성의 깊은 신비와 씨름합니다. 그리고 인간에 대한 우리 시대의 학문적인 언어보다 그의 말을 이해하는 것이 그다지 쉽지도 않습니다.

다만 한 가지는 확실한데, 그것은 바울은 그리고 그와 더불어 성경 전체는 우리가 하나님과 세상과 우리 자신으로부터 소원해진 것에 대해 우리의 몸에게 책임을 지우지 않는다는 것입니다. 몸과 육신과 지체는 우리의 죄로 물든 부분이고, 우리의 가장 깊은 자아와 마음과 정신은 우리의 죄 없는 다른 부분을 이루는 게 아닙니다. 우리의 전 존재, 즉 우리 몸의 모든 세포와 우리의 마음의 모든 움직임이 육신인 동시에 정신입니다. 그리고 그것들은 모두 죄의 힘에 예속되어 있고 그 힘에 맞서고 있습니다.

우리가 우리 자신을 비난한다는 사실은 우리가 여전히 자신의 참된 본질이 무엇이며 자신이 어떤 존재가 되어야 하는

지에 대한 인식을 갖고 있음을 보여 줍니다. 또한 우리가 자신에 대해 변명한다는 사실은 우리가 자신의 참된 본질로부터의 소외를 깨닫지 못하고 있음을 보여 줍니다. 그리고 우리가 부끄러워한다는 사실은 우리가 여전히 자신이 어떤 존재가 되어야 하는지 알고 있음을 보여 줍니다.

인간의 그 어떤 부분도 그 자체로 나쁘지 않습니다. 마찬가지로 인간의 그 어떤 부분도 그 자체로 선하지 않습니다. 이 사실을 망각한 그 어떤 기독교적 가르침도 기독교의 통찰의 높이에 미치지 못합니다. 그리고 바로 이 지점에서 모든 교회들은 사람들이 아무런 죄책도 없는 곳에서 그들의 죄책에 대해 절망을 느끼게 함으로써 그들을 파괴하고 있는 것에 대해 심각한 죄책감을 가져야 합니다.

기독교인들은 강단에서, 학교에서, 그리고 가정에서 육신적인 삶과 성장과 번식을 위한 자연스러운 추구를 "벌 받을 짓"이라고 불러왔습니다. 그들은 과도하게 그리고 완전히 이교도적인 방식으로 모든 생명의 성적 차별과 그것에 대한 모든 가능한 왜곡에 집중하고 있습니다. 확실히 이런 왜곡은 오만이나 무관심 같은 우리의 영적 삶에 대한 왜곡만큼이나 현실적입니다. 그러나 생명의 성적 능력 안에서 죄의 권세를 보는 것은 그 자체로 하나의 왜곡입니다. 그런 식의 가르침은 바울이 묘사하는 죄의 이미지를 완전히 놓치는 것입니다. 더 나쁜 것은, 그런 가르침이 수많은 사람들 안에서 왜곡된 죄책감을 낳는다는 것입니다. 그 죄책감은 그들을 의심에서 근심으로, 근심에서 절망으로, 절망에서 정신병 속으로, 또한 자기를 완전히 파괴하고자 하는 바람에로 내몰아갑니다.

죄에 대한 이런 식의 설교의 다른 결과들 역시 더욱 분명하게 드러납니다. 바울은 인간에 대한 죄의 지배의 극단적인 표현으로서 성적 갈망에 대한 왜곡을 지적합니다. 우리는 기독교인으로서 우리가 자연적인 것을 죄로, 혹은 적어도 부끄러워해야 할 것으로 중상(中傷)하는 과정에서 일이 이렇게 되도록 가장 유력하게 공헌했던 것은 아닌지 자문해 본 적이 있습니까? 왜냐하면 이 모든 것은 죄에 대한 저급한 이미지 때문에 발생하는 것이고, 그것은 인간의 곤경에 대한 성경적 이해와 모순되는 것만큼이나 현실과도 모순되기 때문입니다.

### 우리보다 높은 삶의 차원

죄에 관해 설교하는 것은 위험한 일입니다. 왜냐하면 그것은 우리로 하여금 우리 자신의 여러 가지 죄에 대해 생각하도록 만들기 때문입니다. 아마도 우리는 그런 것에 대해 설교해서는 안 될 것입니다. 내 자신이 여러 해 동안 죄에 대해 설교하기를 주저했습니다. 그러나 때로 우리는, 만약 어떤 잘못된 생각이 계속될 경우 잘못된 삶의 방식을 피할 수 없다면, 죄를 중진시키는 왜곡을 제거하기 위해 모험을 하지 않을 수 없습니다.

나는, 만약 우리가 죄를 간접적으로(indirectly) 바라본다면, 즉 우리로 하여금 죄와 맞설 수 있게 해주는 소외를 극복하는 재결합의 관점에서 그것을 바라본다면, 우리의 죄에 대한 몰입(沒入)에 내포된 위험들을 정복하는 것이 가능하다고 믿습니다. 죄는 우리가 거기에서 나오고 거기로 돌아가야 하는 신적 근거(the divine Ground)에 대한 참여로부터의 돌아섬입니다. 죄는 우리 자신을 향한 돌아섬이며, 우리 자신을 우리의 세상과 우리 자신의 중심으로 만드는 것입니다. 죄는 모든 사람 안에, 심지어 가장 엄격하게 자기를 통제하는 사람 안에조차 존재하는 충동, 즉 가능한 한 세상으로부터 많은 것을 자신에게로 끌어오려고 하는 충동입니다.

그러나 우리가 이것을 완전히 인식할 수 있는 것은 우리가 자신보다 높은 삶의 차원을 발견했을 때뿐입니다. 잃어버렸던 자신을 다시 찾은 사람은 누구나 자신의 상실이 얼마나 심각한 것인지 압니다. 만약 지금 우리가 재결합의 지점에서 우리의 소외를 살피고 있다면, 우리는 더 이상 자신의 소외에 대해 골몰하는 위험에 빠져 있지 않은 셈입니다. 그리고 이제 우리는 "죄"(Sin)에 대해 말할 수 있습니다. 왜냐하면 우리에 대한 그것의 힘이 깨졌기 때문입니다.

분명히 그것은 우리에 의해 깨지지 않습니다. 바울이라면, 선한 의지의 힘으로 죄의 힘을 깨뜨리고자 하는 우리의 시도를 율법, 즉 우리의 마음- 하나님의 법인 우리의 가장 깊은 자아- 에 있는 법을 완수하려고 하는 시도라고 묘사할 것입니다. 그런 시도의 결과는 실패와 죄책과 절망입니다. 율법은, 비록 그것이 악을 드러내고 제한하는 역할을 하기는 하지만, 그것의 명령과 금지사항으로 인해 그 자체에 대한 저항을 불러일으키기도 합니다.

바울은 시적일 뿐 아니라 심원하게 심리학적 언어를 사용해 말합니다. 우리의 지체 안에 거하는 죄는 "너희는 …하지 말라"는 말에 의해 깨움을 받는 순간까지 잠들어 있다고 말입니다(롬 7:7 참고- 역주). 죄는 계명들을 이용해 살아납니다. 금지사항들은 잠들어 있는 갈망을 일깨웁니다. 그것들은 죄의 능력과 죄에 대한 인식을 일깨울 뿐 그것들 자체를 깨뜨리지는 못합니다. 만약 우리가 죄의 능력이 깨졌다는 메시지를 우리의 전 존재로 받아들이기만 한다면, 그것은 또한 우리 안에서도 깨집니다.

죄에 대한 이런 묘사는 추함과 고통과 수치로 가득 찬 묘사이며, 또한 그와 동시에 극적인 효과와 격렬한 감정으로 가득 찬 묘사입니다. 그것은 우리보다 큰 힘들의 전쟁터로서의 우리에 대한 묘사입니다. 그것은 인간을 검은 색과 흰 색 혹은 선과 악이라는 범주들로 나누지 않습니다. 그것은 우리에게 "죄 짓지 말라!"고 촉구하는 권위자의 위협적인 손가락처럼 보이지 않습니다. 오히려 그것은 무한히 중요한 그 무엇, 즉 이 작은 행성과 우리의 몸과 마음 안에서 발생하는 그 무엇에 대한 비전입니다. 그것은 인간을 매순간 모든 실존의 궁극적 의미와 관련해 결정적인 일들이 벌어지는 우주의 한 차원으로 고양시킵니다. 우리들 각자 안에서 그런 결단이 일어납니다. 우리 안에서 그리고 우리를 통해서 말입니다. 그것이 우리의 짐입니다. 그것이 우리의 절망입니다. 그리고 바로 그것이 우리의 위대함입니다.

# 5

# 병든 자를 고치고 귀신을 쫓아내라*

8병든 자를 고치며 죽은 자를 살리며 나병환자를 깨끗하게 하며 귀신을 쫓아내되

마태복음 10:8

**학교를 떠나는 여러분!** 친구들이여!

예수님께서 자기보다 앞서 여러분을 보내시고 여러분에게 치유의 능력을 주실 때 여러분이 경험하게 될 첫 번째 어려움은 많은 이들이 여러분에게 자기들은 치유를 받아야 할 필요

---

*1955년도 유니온신학교 졸업생들에게 한 설교 - 원주

가 없다고 말하는 것입니다. 그리고 만약 여러분이 사람들에게 "내가 당신의 삶을 지배하고 있는 귀신을 쫓아내주겠다"라고 말하며 접근한다면, 그들은 여러분을 비웃고 여러분이 귀신들렸다고 말할 것입니다. 그 옛날 유대인들이 예수님에게 했던 것처럼 말입니다.

그러므로 사역자의 첫 번째 과업은 사람들에게 그들의 곤경을 인식시키는 것입니다. 우리 학교를 졸업한 사람들 중 많은 이들이 이 과업에서 좌절했습니다. 그리고 그들은 사역을 완전히 포기했거나, 아니면 스스로 건강하다고 여기는 사람들만 상대하며 목회를 하고 있습니다. 그들은 자기들의 과업이 병든 자들ㅡ자기가 병들었다는 사실을 깨닫지 못하는 사람들까지 포함해서ㅡ을 치유하는 것임을 잊었습니다.

**소명과 능력**

사람들에게 그들이 처한 곤경을 일깨워 주기 위한 손쉬운 방법은 없습니다. 물론 하나님은 그렇게 하시기 위한 그분의 방법을 갖고 계십니다. 그분은 스스로 건강하다고 여기는 사람들을 외적으로 그리고 내적으로 어두움과 절망 속으로 내던지심으로써 그들의 자기만족을 뒤흔드십니다. 그분은 그들의 자기 확신의 토대를 분열시키심으로써 그들에게 그들의 참모습을 알려 주십니다. 그분은 그들이 그들 자신에 대해 눈이 멀어 있음을 알려 주십니다. 그러나 우리는 그런 일을 할 수 없습니다. 우리 자신을 위해서조차 할 수 없습니다. 그러나 우리는 그런 일이 일어날 때 그것에 대해 자신을 개방할 수 있습니다. 그리고 만약 그런 일이 일어난다면, 우리는 다른 이들을 치유하는 능력의 도구가 될 수 있습니다. 이런 일을 시도하는 것이 사역자의 첫 번째 과업입니다.

그러나 여러분이 도구로 사용되는 유일한 사람은 아닙니다. 모든 사람이 잠재적으로 다른 사람을 위한 치유의 도구입니다. 그리고 교회와 사역 밖에서 치유의 능력이 나타나는 경우가 종종 있습니다. 예수님이 제자들에게 병을 고치고 귀신을 쫓아내는 책임을 주셨다는 사실은 사역자들에게 특별한 권한을 제공하지 않습니다. 모든 기독교인들이 그런 의무를 받습니다. 그리고 우리들 각자는 서로와의 관계에서 그 의무를 진지하게 이행해야 합니다. 모든 사람이 다른 모든 사람들을 위한 자신의 성직자적 책임을 받아들여야 합니다.

사역자는 치유를 위한 마법적인 힘을 갖고 있지 않습니다. 그가 의식과 성례를 집행하는 것조차 그에게 그런 능력을 제공하지 않습니다. 그러나 그의 특별한 소명 안에서 그는 교회에게 주어진 병든 자들 치유하고 귀신을 쫓아내는 보편적 능력을 대표합니다.

복음이 처음 선포되었을 때에는 그토록 중요했던 이런 확언이 어째서 우리 시대에 와서는 그 중요성을 상실하게 된 걸까요? 내가 믿기로 그 이유는 "치유"와 "귀신을 쫓아냄"이라는 말들 안에 들어 있습니다. 그동안 그 말들은 마술적인 힘과 무술적인 자기 암시에 바탕을 둔 기적적인 치유로 오해되어 왔습니다. 그런 현상들이 일어난다는 것은 의심할 여지가 없습니다. 그런 일은 여기에서 그리고 세상의 다른 모든 곳에서 일어납니다. 그런 일은 기독교의 한 가운데서도 일어나고 활용됩니다. 그러나 교회가 그런 일이 교회와 사역자들의 과업이 아니라고 느꼈을 때, 교회는 옳았습니다. 그런 일을 어떤 마술적인 신앙 형식으로 사용하는 것은 그리스도의 이름을 오용하는 것입니다.

### 인간의 상황의 본질

그럼에도 우리의 본문의 말씀은 여전히 적합합니다. 그 말씀은 그리스도의 메시지에 속해 있습니다. 그 말씀은 우리에게 그리스도에게 속한 무언가에 대해, 즉 우리의 삶과 마음과 육체를 지배하고 있는 마귀의 세력을 정복하는 능력에 대해 말합니다. 그리고 나는 이것이 세상에 그리스도의 메시지를 전하는 여러 가지 방법들 중에서도 특히 우리 시대의 사람들에게 가장 적합한 것이 되리라고 믿습니다.

이것은 우리가 이해할 수 있는 것입니다. 왜냐하면 오늘날 우리를 비롯해 세상 모든 나라의 사람들은 여러 세기 동안 모습을 드러내지 않았던 악의 세력을 인식하고 있기 때문입니다. 만약 우리가 우리 시대 전체를 살펴본다면, 우리는 "건강한 자에게는 의사가 쓸 데 없고 병든 자에게라야 쓸 데 있느니라"(마 9:12)는 예수님의 아이러니컬한 말씀의 심판을 받은 자들이 특정 집단에 속한 특정한 사람들만이 아니라는 것을 깨닫게 될 것입니다. 수많은 사람들이 이런 통찰에 저항하고 있음에도 불구하고, 우리는 자신이 병들었고 온전하지 않다는 것을 압니다. 우리 자신을 포함해 교회 안팎에 있는 이 시대의 수많은 사람들이 기다리고 있는 메시지는 이 세상 안에 존재하는, 또한 그리스도가 그것에 대한 표현인 "치유의 능력"(healing power)에 대한 기쁜 소식입니다.

치유의 과업은 여러분에게 삶과 인간의 상황의 본질에 대한 통찰을 요구합니다. 사람들은 종종 심각한 절망 속에서 묻습니다. "만약 질병이 하나님의 명령에 의해 치유되어야 하는 것들 중 하나라면, 어째서 하나님의 질서 속에 질병이 포함되어 있는가?" 이런 아주 자연스러운 질문은 하나님의 세계 안에 존재하는 악이라는 수수께끼를 가리킵니다. 그리고 그것은 우리 중 많은 이들에게 신앙의 걸림돌입니다.

여러분은 다른 그 무엇보다도 이 질문을 더 자주 다뤄야 할 것입니다. 그리고 여러분은 "신비"(mystery)라는 말 뒤에 숨는 것으로 그 질문을 회피하려 해서는 안 됩니다. 물론 하나님의 신비는 존재하며, 그것과 대조되는 마귀의 신비도 존재합니다. 그러나 그 신비를 올바른 곳에 위치시키고 그것에 대해 설명될 수 있고 설명되어야 하는 것을 설명하는 것은 여러분에게 요구되는 통찰들에 속한 문제입니다.

하나님의 질서 안에 존재하는 악(惡)은 단지 신비에 불과한 것이 아닙니다. 그것은 또한 "계시"(revelation)이기도 합니다. 그것은 삶의 위대성과 위험성을 계시합니다. 병에 걸릴 수 있는 사람은 병에 걸릴 수 없는 사람보다, 즉 그 자신의 현 상태대로 남아 있는 것에 묶여서 그 안에서 분열이 일어날 수 없는 존재보다 위대합니다. 자유로운 자만이 그의 자유를 속박으로 바꾸는 마귀의 힘에 굴복할 수 있습니다. 자유라는 선물에는 예속이라는 위험이 포함되어 있습니다. 또한 풍요로운 삶 속에는 질병의 위험이 내포되어 있습니다. 인간의 삶은 풍요로운 삶이고, 무한히 복잡한 삶이며, 치명적으로 가난한 사람들의 경우에조차 그 가능성의 측면에서 다함이 없는 삶입니다.

인간의 삶은 대부분 질병에 노출되어 있습니다. 왜냐하면 다른 그 어떤 존재의 삶보다도 인간의 삶속에 지속적으로 일치를 유지해야 하는 다양한 경향들이 존재하기 때문입니다. "건강"(health)이란 우리의 육체적·정신적·영적 삶 안에 그런 다양한 경향들이 존재하지 않는 것을 의미하는 것이 아니라, 오히려 그런 경향들을 일치시키는 힘이 존재하는 것을 의미합니다. 또한 "치유"(healing)란 그런 결합이 깨진 후 그것들을 재결합시키는 행위를 의미합니다. 그러므로 "병든 자를 고치라"는 말씀은 사람들에게서 그들의 풍요로운 삶을 빼앗지 않으면서, 또한 그들을 빈곤한 삶 속으로 밀어 넣지 않으면서, 아마도 그들 자신의 동의하에, 그들이 잃어버린 일치를 회복하도록 도우라는 것을 의미합니다.

### 치유의 능력을 상실한 교회

질병을 만들어낼 수 있는 것을 잘라냄으로써 질병에서 도망치고자 하는 병든 갈망이 존재합니다. 나는 단지 질병에 대한 두려움 때문에 병이 든 사람들을 압니다. 때로 풍요로운 삶을 줄이고 보다 빈약한 기초 위에 좀더 빈약한 삶을 세우는 것이 필요할 수도 있습니다. 그러나 이것은 그 자체로는 건강이라고 할 수 없습니다. 오히려 그것은 가장 널리 퍼져 있는 정신적 질병입니다. 그 질병은 보다 낮은 차원에서 상실된 것이 보다 높은 차원에서, 아마도 가장 높은 차원에서, 다시 말해, 우리의 무한한 관심의 차원과 하나님과 함께하는 우리의 삶의 차원에서 회복될 때만 치유될 수 있습니다.

빈약한 삶으로의 축소는 치유가 아닙니다. 그러나 풍요로움이 있는 곳에는 또한 갈등과 질병 그리고 마귀의 속박의 위험도 있습니다. 이런 통찰에 비추어 한 가지 가장 중요한-아마도 병든 자를 고치고 귀신을 쫓아내기 위해 파송되는 여러분과 여러분을 파송하는 교회에게는 분명하게 중요한- 예를 살펴봅시다.

어쩌면 많은 교회와 교단과 회중들이 갖고 있는 질병은 그들이 질병을-그리고 그것과 더불어 위대한 삶을-낳을 수 있는 것을 잘라냄으로써 질병에서 도망치고자 하는 시도 그 자체일 수 있습니다. 질병과 마귀의 영향을 무릅쓰는 모험을 중단한 교회는 병든 자를 고치고 귀신을 쫓아낼 힘을 거의 갖고 있지 않습니다. 잘 운영되면서 점차적으로 성장하는 교회에 대해 자부심을 갖고 있는 모든 사역자들은 그런 교회가 교인들에게 그들의 질병을 의식하게 만들 수 있는지, 또한 그들에게 자기들이 치유되었다는 사실을 수용할 용기를 제공할 수 있는지 자문해 보아야 합니다. 또한 그들은 인간의 영적 삶의 모든 영역에서의 위대한 창의성이 어째서 교회 밖에서 계속해서 나타나고 있는지 자문해 보아야 합니다.

우리의 세속 문화의 여러 가지 표현들 속에서 인간의 질병에 대한 인식은 매우 크게 증대되었습니다. 특별히 최근 수십 년 동안에 그러했습니다. 그 까닭이 단지 마귀에 대한 인간의 예속을 강력하게 드러내는 이들이 치유를 얻고 귀신을 내쫓기 위해 교회나 여러분 같은 사역자들을 바라보지 않기 때문일까요? 아니면 질병에 대한 두려움 때문에 병에 걸린 교회 안에 치유의 능력이 결여되어 있기 때문일까요?

### 복음과 치유

예수님이 제자들에게 병든 자를 고치고 귀신을 내쫓으라고 말씀하셨을 때, 그분은 육체적 질병과 정신적 질병 그리고 영적 질병을 구별하시지 않았습니다. 오히려 복음서의 모든 갈피들은 그분이 그런 질병들 모두를 염두에 두셨음을 증거

합니다. 또한 많은 이야기들이 그분이 그런 질병들 사이의 상호관계, 즉 그것들의 결합에 대해 알고 계셨음을 보여 줍니다. 오늘날 우리는 우리보다 앞선 여러 세대의 사람들보다 이런 결합에 대해 보다 잘 알고 있습니다. 이것은 굉장한 선물입니다. 그리고 여러분은 이제 여러분이 떠나려고 하는 이곳에서 공부하는 동안 그런 선물을 공유할 수 있는 많은 기회를 가졌습니다.

무엇보다도 여러분은 복음의 진리, 즉 율법과 계명들은 병자의 병을 치유하기는커녕 오히려 증대시킬 뿐이라는 것을 배웠습니다. 여러분은 치유의 능력의 이름이 "은혜"(grace)라는 것을 배웠습니다 – 그 은혜가 오늘날의 모든 의사들이 의존하고 있고 고대의 의술에까지도 알려져 있던 자연의 은혜든, 전통과 유산과 공통의 상징들을 통해 인류의 삶을 유지해 주는 역사 내의 은혜든, 용서와 새로운 현실에 대한 메시지를 통해 마귀의 능력을 정복하는 계시의 은혜든 상관없이 말입니다.

또한 여러분은 겉보기에 육체적인 것으로 보이는 질병이 실제로는 정신적인 질병일 수 있다는 것, 겉보기에 개인적인 것으로 보이는 질병이 그와 동시에 사회적인 질병일 수 있다는 것, 그리고 사람들을 그들에게 질병을 초래한 사회적 마귀로부터 해방시키지 않고서는 그들을 치유할 수 없다는 것을 배웠습니다.

더 나아가 여러분은 육체적인 동시에 정신적인 질병과 개인적인 동시에 사회적인 질병은 인간의 영혼이 하나님의 영과 소원해진 결과이며, 인간의 영과 하나님의 영의 재결합 없이는 그 어떤 질병도 치유하거나 그 어떤 마귀도 내쫓을 수 없다는 것을 배웠을 것입니다. 사실 여러분이 치유의 메시지를 전하는 사역자가 된 것은 바로 그런 이유 때문입니다. 여러분은 의사나, 심리치료사나, 정치적인 개혁가가 될 필요가 없습니다. 그러나 여러분은 그리스도의 메시지, 즉 용서와 새로운 현실에 대한 메시지에 내포된 치유와 마귀를 정복하는 힘을 선포하고 그것을 대표해야 합니다. 여러분은 치유의 다른 방식들에 대해 알아야 합니다. 여러분은 그런 방식들을 활용해야 합니다. 그러나 여러분은 그것들로 여러분이 대표해야 하는 것을 대체해서는 안 됩니다.

### 약함 중에 행하는 치유

여러분은 기독교의 메시지를 대표할 수 있습니까? 이것은 이 엄숙한 시간에 여러분에게 근심어린 질문이 될 수도 있을 것입니다. 만약 여러분이 나에게 "우리가 스스로 치유되지 않은 채 치유할 수 있는가?" 하고 묻는다면, 나는 "그럴 수 있다!"고 대답할 것입니다. 왜냐하면 예수님의 제자들도, 또한 우리 자신도 "우리는 치유되었으니 이제 다른 사람들을 치유하자"라고 말할 수는 없기 때문입니다. 이 사실을 믿지 않는 사람은 다른 이들을 치유하는 일에 적합하지 않습니다. 오히려 여러분이 조언하는 사람들에게 그들의 곤경이 또한 여러분 자신의 곤경임을 보여 주십시오.

또한 만약 여러분이 나에게 "우리가 스스로 마귀의 권세로부터 해방되지 않은 채 마귀를 내쫓을 수 있는가?" 하고 묻는다면, 나는 "그럴 수 있다!"고 대답할 것입니다. 만약 여러분이 여러분 자신 안에 있는 마귀의 힘을 의식하지 못한다면, 여러분은 다른 사람들 안에 있는 마귀를 인식하지 못할 것이고, 따라서 그것의 이름을 부름으로써 그것으로부터 힘을 빼앗고 그것과 맞서 싸우지 못할 것입니다.

아마도 여러분이 사는 날 동안, 또한 여러분의 삶이 창조적으로 남아 있고 치유의 능력을 갖고 있는 한, 마귀가 여러분의 영혼을 분열시키지 않고 여러분의 믿음과 소명과 존재 전체에 대한 의문을 불러일으키지 않는 날은 없을 것입니다. 만약 마귀가 그런 일에 성공하지 못한다면, 그는 다른 무언가를 수행할 것입니다. 즉 그는 여러분의 마음속에 병든 자를 고치고 귀신을 내쫓는 능력과 관련된 자기 확신과 교만함이라도 불어넣을 것입니다. 예수님은 그런 교만에 관해 다음과 같이 경고하셨습니다. "그러나 귀신들이 너희에게 항복하는 것으로 기뻐하지 말고 너희 이름이 하늘에 기록된 것으로 기뻐하라"(눅 10:20). 그리고 여기에서 "하늘에 기록되다"라는 말은 여러분의 삶에 대한 기록들 중 여러분에게 불리하게 쓰인 내용에도 불구하고 여러분의 이름이 기록된다는 것을 의미합니다.

이 설교를 여러분에게 확신을 줄 만한 말로 마무리하고자 합니다. 이 세상에서 병든 자를 고치고 귀신을 내쫓도록 부르심을 받는 것보다 더 위대한 소명은 없습니다. 이 소명 안에서 기뻐하십시오! 그로 인한 짐 때문에, 심지어 치유 받기를 원하지 않는 자들을 상대해야 하는 짐 때문에라도 낙담하지 마십시오. 여러분의 부르심 안에서 기뻐하십시오!

여러분 자신의 질병에도 불구하고, 여러분과 여러분의 교회 안에서 활동하고 있는 마귀에도 불구하고, 이미 여러분은 궁극적으로 치유하실 수 있는 분, 즉 그분 안에서 하나님께서 마귀와 질병에 대한 자신의 권능을 분명하게 드러내신 분, 이 세상에 존재하는 치유의 능력을 대표하시고, 이 세상을 유지시키시고, 그것을 하나님에게까지 높이시는 분을 흘긋이나마 보았습니다. 여러분이 그분의 전령인 것을 기뻐하십시오! 여러분이 이곳을 떠날 때 그 기쁨을 함께 가져가십시오!

# 6
# 인간과 지구

³주의 손가락으로 만드신 주의 하늘과 주께서 베풀어 두신 달과 별들을 내가 보오니 ⁴사람이 무엇이기에 주께서 그를 생각하시며 인자가 무엇이기에 주께서 그를 돌보시나이까 ⁵그를 하나님보다 조금 못하게 하시고 영화와 존귀로 관을 씌우셨나이다 ⁶주의 손으로 만드신 것을 다스리게 하시고 만물을 그의 발 아래 두셨으니

시편 8:3-6

**얼마 전에 과학계의 대표자들이** 모여서 학계를 향해 새로운 연구 방향을 요구한 적이 있습니다. 그들은 그것을

"생존의 과학"(science of survival)이라고 불렀습니다. 당시 그들이 말했던 것은 어떤 개인이나 사회집단 혹은 특정 국가나 인종의 생존이 아니었습니다. 그런 것은 새롭지 않습니다. 당시 그들이 말했던 것은 문명화된 인류, 전체로서의 인류, 혹은 이 지구의 표면에서 살고 있는 모든 생명의 생존이었습니다.

그런 제안은 현재 우리가 인간의 역사에 있어서 구약성경이나 여러 나라들의 신화와 전설들에 나오는 "대홍수" 이야기에서나 그것에 대한 유비(類比)를 찾을 수 있는 어느 단계에 도달했음을 보여 주는 징표입니다. 우리의 상황과 대홍수의 상황 사이의 유일한 차이점은, 그런 이야기들에서는 인간이 신의 분노를 야기했기 때문에 신들이나 하나님이 땅 위에서 사는 생명들의 멸망을 가져온다는 것뿐입니다. 창세기는 당시 상황을 다음과 같이 묘사합니다. "[하나님이] 땅 위에 사람 지으셨음을 한탄하사 마음에 근심하시고 이르시되 내가 창조한 사람을 내가 지면에서 쓸어버리되 사람으로부터 가축과 기는 것과 공중의 새까지 그리하리니 이는 내가 그것들을 지었음을 한탄함이니라"(창 6:6-7).

그러나 그 다음 구절은 인간에게 가능한 생존의 문제에

대해 답합니다. "그러나 노아는 여호와께 은혜를 입었더라"(8절). 우리가 읽는 바로는, 노아를 통해서 인간뿐 아니라 모든 동물들이 한 쌍씩 땅 위에서 그들의 생명을 보존하게 되었습니다. 오늘날 생명의 파괴와 생존은 인간의 손에 주어졌습니다. 시편에 따르면, 만물을 지배하고 있는 인간은 그것들을 구하거나 파괴할 힘을 갖고 있습니다. 왜냐하면 그는 하나님보다 조금 못하기 때문입니다(5절).

### 심각한 질문

인간은 이런 새로운 상황에 어떻게 대응하고 있습니까? 우리는 어떻게 대응하고 있습니까? 우리는 그것에 어떻게 대응해야 합니까? "지구와 우리"는 단순히 인간적 호기심, 예술적 상상력, 과학적 연구, 혹은 기술적 정복에 관한 이야깃거리에 불과한 것이 아닙니다. 오늘날 그것은 심원한 인간적 관심사와 고통스러운 근심의 문제가 되었습니다.

우리는 그 질문의 심각성으로부터 도피하기 위해 절망적으로 애씁니다. 그러나 우리가 우리의 동시대인들, 특히 젊은 세대들의 마음속을 들여다본다면, 우리는 그들의 전 존재를 관통하고 있는 두려움을 발견하게 됩니다. 그런 두려움은 수십 년 전에는 존재하지 않았던 것이고 설명하기가 몹시 어려운 두려움입니다. 그것은 지속적인 위협하에서 살아간다는 느낌입니다. 그리고 비록 그런 두려움에는 여러 가지 이유가 있을 수 있으나, 그 중에서도 가장 큰 것은 우주적이고 총체적인 재앙의 임박한 위험입니다.

이런 감정에 대한 그들의 반응은 매일의 삶에서 열렬히 안전을 갈망하거나, 지구와 지구를 초월한 공간에 대한 인간의 정복에 기초해 인간의 대담성과 용기를 과장하는 것입니다. 우리들 대부분은 우리 자신 안에서 얼마간 이렇듯 서로 모순되는 반응들을 경험하고 있습니다. 우리가 예전에 갖고 있었던 "어머니 같은" 지구와 우리를 보호하고 보존하는 그것의 힘에 대한 신뢰는 사라졌습니다. 어쩌면 지구가 우리를 더 이상 지탱해 주지 못할 수도 있습니다. 우리 자신이 지구가 그렇게 하는 것을 가로막고 있을 수도 있습니다. 우리에게는 노아에게 다시는 홍수가 있지 않으리라는 약속으로 주어졌던 무지개 같은 하늘의 징표가 주어지지 않았습니다. 우리에게는 인간이 만든 홍수, 즉 물이 아니라 불과 공기로 인한 파괴에 맞서 우리를 지켜 줄 만한 것이 없습니다.

이런 생각은 우리로 하여금 다음과 같은 질문들을 제기하게 합니다. "기독교 메시지는 이에 대해, 즉 우리의 현재의 곤경에 대해 무어라고 말해야 하는가? 기독교 메시지는 이 지구 위에서의 삶에 대해, 그 삶의 시작과 종말에 관해, 그리고 인간이 지구 위에 존재하는 것에 대해 무어라고 말해야 하는가? 기독교 메시지는 우주의 광대함에 비추어 볼 때 지구의 의미와 인간 역사의 정황에 대해 무어라고 말해야 하는가? 그리고 우주의 순환이라는 상상할 수조차 없는 길이와 비교해 볼 때 이 지구에 할당된 짧은 시간과 그 위에서의 삶에 대해서는 무어라고 말해야 하는가?"

그동안 이런 질문들은 기독교의 가르침과 설교를 통해서 거의 아무런 해답도 얻지 못했습니다. 왜냐하면 그동안 기독교의 핵심적 주제는 창조와 타락 그리고 구원과 성취의 드라마였기 때문입니다. 그러나 때로 주변적인 질문들이 갑자기 우리의 사고체계의 한 가운데로 틈입(闖入)하는데, 그것은 어떤 이론적인 이유 때문이 아니라 그런 질문들이 많은 이들에게 삶과 죽음의 문제가 되기 때문입니다.

이런 틈입은 기독교의 역사에서뿐 아니라 인간의 역사에서도 자주 발생합니다. 그리고 그런 일이 발생할 때마다 그것은 모든 차원에서 기독교 전통에 대한 이해를 바꿔놓았고 또한 모든 면에서 인간의 자기에 대한 이해를 바꿔놓았습니다.

어쩌면 지금 우리가 그런 순간에 살고 있는지도 모릅니다. 또한 지구와 우주에 대한 인간의 관계가 앞으로 오랫동안 예민하고 사려 깊은 사람들의 일차적 관심사가 될지도 모릅니다. 사정이 그렇다면, 분명히 기독교는 그것이 초기에 품었던 의문과 그것에 대한 해답들이라는 기만적인 안전함 속으로 후퇴해서는 안 됩니다. 기독교는 우리가 방금 물었던 것과 같은 새롭고 아직 해답을 얻지 못한 질문들을 제기하는 위험을 감수하면서, 그러나 그와 동시에 인간과 그의 세계의 근원과 목표인 영원한 것의 방향을 가리키면서 인간 정신의 보다 담대한 활동에 동참해야 할 것입니다.

### 과학과 기술의 발전

우리의 곤경은 주로 우리 세기의 과학과 기술의 발전으로 인해 초래되었습니다. 이런 발전에 대해 불평하는 것은 무익할 뿐 아니라 어리석은 것이기도 합니다. 왜냐하면 그런 발전은 이미 우리 앞에 놓여 있기 때문입니다. 그것은 인간이 최초로 그보다 앞선 생명의 형태들로부터 출현했을 때 자연에 의해 그에게 주어졌던 영역을 훨씬 넘어선, 인간에 의해 창조된 영역입니다. 그것은 모든 차원에서 우리의 삶과 생각과 감정을 의식적으로, 그리고 그보다 더 심하게 무의식적으로 변화시키면서 존재합니다. 오늘날의 학생들은 앞선 세대의 학생들과 같지 않습니다. 오늘날의 희망과 근심은 우리 중 나이든 사람들에게는 낯설 뿐 아니라 종종 이해할 수 없기까지 합니다. 그리고 만약 우리가 우리의 두 세대를 그보다 앞선 시기들 중 그 어느 것과 비교해 본다면, 우리와 그들 사이의 거리는 참으로 엄청나 보입니다.

이런 갑작스러운 공습은 과학과 그것의 적용에 의해 초래되었으므로, 과학 자체가 인간과 그의 지구와 우주에 대한 마지막 결론을 갖고 있어야 하는 것 아닐까요? 과연 종교가 거기에 무엇을 덧붙일 수 있을까요? 참으로 종교는 그것이 이런 주제를 다루려고 했을 때마다 과학의 발전과 충돌했고 그로 인해 한쪽으로 밀려나지 않았던가요?

확실히 그런 일은 과거에도 일어났고, 오늘날에도 거듭 일어나고 있습니다. 그러나 과학과 충돌하는 것은 종교 그 자체가 아닙니다. 오히려 그것은 종교적인 사람들 - 신학자는 물론이고 평신도까지 - 의 근심과 열광입니다. 그것은 진지한 생각으로부터 도피하거나 종교의 상징적 언어를 학문적 연구의 추상적 개념과 구별하려 하지 않는 것과 같은 특징을 갖고 있습니다. 그러나 종교에 대한 그런 왜곡과 오용은 기독교 세계의 여러 부분에서 극복되어 왔습니다. 이제 우리는 과학적이고 역사적인 지식에 무언가를 덧붙이려 하거나 그것이 아무리 담대한 것일지라도 그 어떤 과학적 가설도 금지하려는 의도를 갖지 않은 채 인간과 그의 지구에 대해 종교의 이름으로 자유롭게 말할 수 있습니다.

### 기독교의 답변

그렇다면 기독교 메시지는 이 세상에서의 인간의 곤경에 관해 무어라고 말해야 합니까? 기독교의 시대가 시작되기 수백 년 전에 쓰인 시편 8편은 아주 분명하게 그리고 매우 아름답게 동일한 질문을 제기합니다. 그것은 한편으로는 하늘과 별들의 우주와 비교되는 인간의 무한히 작음을 지적하고, 다른 한편으로는 인간의 놀랄 만한 위대성, 그의 영광과 명예, 모든 피조물들에 대한 그의 권능, 그리고 그가 지니고 있는 하나님의 형상 등을 지적합니다. 성경에서 그런 말씀은 그렇게 자주 등장하지는 않습니다. 그러나 우리가 그런 말씀과 접촉할 때, 그것들은 마치 오늘날에 쓰인 것처럼 우리의 귀를 울립니다.

현대 과학에 의해 우주가 열리고 위대한 지구가 천체의 바다에 떠 있는 작은 행성으로 축소된 것으로 인해 인간은 무한한 공간과의 관계에 있어서 실제적인 현기증을 느껴왔습니다. 인간은 마치 자신이 우주의 중심으로부터 그 안에 있는 하찮은 구석으로 밀려났다는 느낌을 받았고 그로 인해 다음과 같은 근심스러운 질문들을 하게 되었습니다. "과거에 인간이 주장했던 고상한 운명은 어찌되는 것인가? 하나님의 형상이 그의 본질 안에 새겨져 있다는 개념은 어찌되는 것인가? 기독교가 늘 모든 피조물을 위한 구원이 발생하는 곳으로 여겼던 인간의 역사는 어찌되는 것인가? 신약 성경에서 우주의 주님으로 불리는 그리스도는 어찌되는 것인가? 성경에서 우주적 재앙으로 묘사되는, 또한 그 안에서 태양과 달과 별들이 지구 위로 떨어지게 될 역사의 종말은 어찌되는 것인가? 현실에 대한 우리의 현재의 관점에서 본다면, 지구의 중요성과 인간의 영광에는 무엇이 남아 있는 것인가? 더 나아가, 다른 천체에 다른 생명체, 즉 그들 안에서 하나님의 형상이 드러나고, 하나님이 그들에 대해 마음을 쓰시고, 또한 하나님께서 그들을 영광과 존귀로 관을 씌우시는 생명체가 존재하는 것이 가능해 보이는 상황에서 인간의 역사와 그것의 중심인 그리스도의 출현에 대한 기독교적 견해는 무엇을 의미하는가?"

이것들은 이론적인 질문에 불과한 게 아닙니다. 이런 질문들은 별들로 가득 찬 상상할 수 없을 만큼 광대한 우주 안에 있는 어느 작은 별 위에서 살아가는 인간으로서 우리의 자기 이해와 관련해 매우 중요합니다. 또한 이런 질문들은 자신이 기독교 메시지에 사로잡혔다고 느끼는 사람들뿐 아니라, 그 메시지를 거부하지만 기독교와 더불어 역사의 의미와 인간의 삶의 궁극적 의미에 대한 믿음을 갖고 있는 사람들의 마음까지 어지럽히고 있습니다.

### 우주의 창조주 하나님

다시 한 번 시편 8편은 마치 그것이 오늘날에 쓰인 것처럼 우리를 향해 말합니다. "그를 하나님보다 조금 못하게 하시고 … 주의 손으로 만드신 것을 다스리게 하시고"(5-6절). 그것은 동물들에 대한 인간의 지배를 한 예로 제시합니다. 그러나 "하나님보다 조금 못하게"라는 구절은 현대의 기술이 자연의 모든 범주들을 인간의 지배에 예속시킨 후에야 비로소 그 온전한 의미를 드러내게 되었습니다. 시간과 공간에 대한 정복은 인간을 그의 유한성 안에 묶어 두었던 끈들을 늦춰놓았습니다. 한때 신들의 특권으로 여겨졌던 것들이 이제는 인간의 기술력으로 접근이 가능한 일상적인 현실이 되었습니다.

그러므로 오늘날 우리가 시편 기자와 더불어 인간이 하나님보다 조금 못하다고 느끼는 것은, 또한 우리 중 어떤 이들이 인간이 심지어 하나님과 동일하다고 느끼는 것은, 그리고 더 나아가 다른 이들이 하나의 집단적인 정신으로서의 인간이 하나님을 대체했다고 주저함 없이 공언하는 것은 놀랄 일이 아닙니다. 따라서 우리는 한 가지 놀라운 사실을 다뤄야만 합니다. 그것은 바로 인간을 세상의 중심에 있는 그의 자리에서 밀어내고 그를 하찮은 존재로 만들어버린 바로 그 사건들이 또한 그를 지구와 그것 너머에서 하나님과 같은 위치로 고양시켰다는 것입니다!

이런 모순에 대한 해답이 있습니까? 시편 기자의 말에 귀를 기울여 보십시오. 그는 인간이 만물을 "다스린다"거나 그가 하나님보다 조금 "못하다"고 말하지 않습니다. 그는 말합니다. "주께서 그를 하나님보다 조금 못하게 하시고 … 주의 손으로 만드신 것을 다스리게 하시고." 이것은 인간의 작음도 인간의 위대함도 그 자신에게서 나오는 것이 아니며, 이런 대조를 넘어서는 무언가가 있다는 것을 의미합니다.

인간은 만물과 마찬가지로 만물을 인간의 발아래 놓으신 분으로부터 나옵니다. 인간은 우주가 온 은하계와 더불어 거기에 기초를 두고 있는 동일한 근거에 기초를 두고 있습니다. 모든 것 — 그것이 아무리 작더라도, 식물과 동물뿐 아니라 원자들까지도 — 에 위대성을 부여하는 것이 바로 이 근거입니다. 또한 모든 것 — 그것이 아무리 위대하더라도, 인간뿐 아니라 별들까지도 — 을 작게 만드는 것 역시 이것입니다. 그것은 하찮게 보이는 것에 의미를 부여합니다. 그것은 모든 개별적인 인간과 전체로서의 인류에게 의미를 부여합니다.

이 대답은 자신의 작음에 대한 우리의 근심을 누그러뜨립니다. 또한 이것은 자신의 위대함에 대한 우리의 오만함을 가라앉힙니다. 이것은 성경의 대답, 기독교의 대답, 그리고 종교의 대답에 불과한 것이 아닙니다. 우리가 우리의 곤경, 즉 우리가 스스로 존재하는 것이 아니며 우리가 지구 위에서 살아가는 것이 우리 자신의 행위가 아니라는 것을 의식할 때, 우리 모두는 이 대답의 진실성을 느끼게 됩니다. 우리는 우주와 지구 그리고 그 위에 존재하는 모든 것을 지탱해 주는 동일한 힘 — 그것과 비교할 때 우리는 무한히 작지만, 또한 그것은 우리가 그런 사실을 의식할 때 우리를 모든 피조물 중에서 가장 위대한 존재로 만들어 줍니다 — 으로 인해 존재를 얻고 형태를 갖춥니다.

### 하나님의 심판

이제 홍수 이야기에 나오는 하나님의 말씀을 떠올려 봅시다. "내가 그것들을 지었음을 한탄함이라"(창 6:7). 이 말씀은 인간과 지구에 대한 우리의 생각에 한 가지 새로운 요소를 소개합니다. 그것은 바로 심판과 좌절과 비극이라는 요소입니다. 사실 성경과 그 어떤 다른 문학 속에서도 이것보다 더 지속적으로 나타나는 다른 주제는 없습니다.

지구는 인간으로 인해 수없이 저주를 받아왔습니다. 왜냐하면 지구는 인간과 더불어 모든 생명과 그것의 비극을 낳았는데, 거기에는 인류 역사의 비극이 포함되어 있기 때문입니다. 지구에 대한 이런 비난의 소리는 우리의 현대 문화 속에서 계속 울리고 있습니다. 그리고 그것은 이해할 만한 일입니다. 우리는 우리의 모든 예술적 표현 – 소설과 드라마, 그림과 음악, 인간의 본성에 대한 철학적 사유와 서술 등 – 을 통해 지구를 비난합니다.

그러나 삶에 대해 "예"라고 말하는 사람들에 대한 냉소적인 비난, 그런 비난으로부터 정신적 불안과 장애로의 후퇴, 마약과 기타 다양한 중독의 방법을 통해 삶을 억압하거나 초월하려는 노력, 혹은 진부함과 순응이라는 사회적 마약 속에 내포되어 있는 침묵의 비난은 더욱 심각합니다. 이 모든 방식으로 우리는 우리를 이 우주와 지구 위에서 살아가게 만든 운명을 비난합니다. 시편 기자는 "[주께서 인간에게] 영화와 존귀로 관을 씌우셨나이다"(5절)라고 말하지만, 우리 중 많은 이들은 그런 영화를 벗어버리기 원하며, 차라리 우리가 그것을 얻지 않았었기를 바랍니다. 우리는 자신과 자신의 세계를 의식하지 못하고, 단지 자신의 동물적 욕구의 충족에만 국한되어 있는 피조물의 상태로 돌아가기를 갈망합니다.

홍수 이야기에서 인간을 지으신 것을 한탄하시고 땅에서 인간을 쓸어버리기로 결심하시는 분은 하나님이십니다. 그러나 오늘날 인간을 쓸어버릴 힘을 갖고 있는 존재는 인간 자신입니다. 그리고 종종 인간은 자기가 인간이 된 것을 너무나 한탄하기 때문에 자신의 인성으로부터 완전히 철수하기를 원합니다. 우리가 매일의 경험 속에서 의식하는 것보다 훨씬 더 많은 사람들이 이런 갈망을 느끼고 있습니다. 그리고 우리 안에 있는 무언가가 그들에게 응답합니다.

인간에 의해 철저하게 정복된 지구가 인간이 살기를 원하지 않는 곳이 될 수 있을까요? 지구 밖의 공간에 대한 우리의 열정적인 추구는 인간이 지구로부터 도망치고자 하는 바람에 대한 무의식적인 표현이 아닐까요? 이런 질문들에 대한 확실한 답은 없습니다. 그럼에도 그런 질문들은 제기되어야 합니다. 왜냐하면 그것들은 인간과 지구의 관계에 대한 우리의 거짓된 안전감을 깨뜨리기 때문입니다.

이런 질문들에서는 "인간은 이 땅 위의 순례자에 불과하다"는 오래된 통찰이 메아리쳐 울립니다. 그리고 그런 통찰은 오늘날 인류 전체에 해당됩니다. 인류 자체가 이 지구 위에서 살아가는 순례자입니다. 그리고 언젠가 불명확한 먼 미래에 혹은 어쩌면 아주 가까운 미래에 그 순례가 끝나는 날이 올 것입니다.

**역사의 의미**

기독교는 인간의 역사의 길이에 관해 아무런 지적도 하지 않습니다. 초대 교회는 종말이 임박했다고 기대했습니다. 그리고 그 날이 오지 않아 기독교인들이 크게 실망했을 때 인류 역사의 기간은 늘어났습니다. 현대에 와서 그 기간은 무한으로까지 연장되었습니다. 오늘날 과학자들은 인간의 역사가 수백만 년 동안 계속될 수 있으리라고 말합니다. 그것이 수백만 년이 될지, 수천 년이 될지, 혹은 내일이 될지, 우리는 알지 못합니다! 그러나 우리는 묻습니다. "이 역사가 언제 시작되었든 그리고 그것이 언제 끝나든, 이 역사의 의미는 무엇인가?" 그리고 그때 우리가 묻는 것은 그것이 당신과 나에게 무슨 의미가 있느냐가 아니라, 그것이 우주와 그것의 궁극적 목적에 대해 무슨 의미를 갖느냐 하는 것입니다.

오래된 이야기에서 하나님은 자신이 사람을 지으셨음을 한탄하셨습니다. 이것은 하나님께서 인간을 창조하셨을 때 모험을 하셨다는 것을 의미합니다. 그리고 모든 모험에는 실패에 대한 책임이 따릅니다. 하나님은 자신의 인간 창조가 실패였다고 여기셨고 새로운 노력을 하셨습니다. 그러나 아무것도 우리에게 이 새로운 노력이 또 다른 실패를 낳지 않았다는 확신을 주지 못합니다.

앞의 경우에는, 그 이야기에 따르면, 자연이 인간에 대한 하나님의 심판을 수행했습니다. 그리고 지금은 그 심판을 수행하는 자가 인간 자신이 될 수 있습니다. 이런 일이 벌어진다면, 천문학자들이 말하고 인간이 늘 믿어왔던 지구의 특권적 지위는 더 이상 효력이 없어졌음이 입증될 것입니다. 또한 그렇게 된다면, 그동안 지구에 주어졌던 독특한 역할이 사실은 헛것이었던 것으로 보이게 될 것입니다.

우리는 그런 생각을 밀어내려고 해서는 안 됩니다. 왜냐하면 그런 생각들은 진지하게 취급될 가치가 있기 때문입니다. 참으로 나에게는 오늘날 사려 깊은 사람들이 그런 생각을 밀어내는 것은 불가능할 것으로 보입니다. 기독교 메시지는 그런 생각들에 관해 무어라고 말해야 할까요? 반복해서 말하지만, 그것은 우리에게 인간의 역사의 기간에 대해서는 아무것도 말해 주지 않습니다. 그것은 인간의 역사가 내일 이후까지 계속될 것이라고 말하지 않습니다. 또한 그 역사가 어떻게 끝나게 될 것인지에 대해 과학적 용어로 말하지도 않습니다. 그런 것들 중 아무것도 기독교 메시지의 아닙니다.

기독교 메시지가 우리에게 말하는 것은 역사의 의미는 역사 너머에 있다는 것, 따라서 역사의 길이는 그것의 궁극적 의미와 상관이 없다는 것입니다. 그러나 그것은 시간이 생명과 정신의 창조를 위해 제공하는 수많은 기회들과 관련해서는 상관이 없지 않습니다. 그리고 우리가 우리의 모든 힘을 다해 싸워서 얻어야 하는 것이 바로 그런 기회들입니다.

더 나아가, 인간의 역사가 인간의 자기 멸절로 인해 내일 끝난다고 할지라도, 이 지구와 그 위에서 살았던 인간은 헛되이 존재했던 것은 아닐 것입니다. 왜냐하면 적어도 그때는 수십억 년의 우주의 역사 속에서 지구상의 모든 생명의 힘들이 그것의 창조를 위해 모아졌던, 또한 그 안에서 모든 생명의 신적 근거의 형상이 나타났던 한 존재가 출현했던 셈이 될 것이기 때문입니다. 또한 적어도 한번은 그 안에서 생명이 그것의 가장 높은 가능성 – 영(spirit) – 을 성취했던 한 존재가 실존했던 셈이 될 것이기 때문입니다.

이것은 인간의 위대성의 궁극적 근원입니다. 그리고 우리 중 공개적으로 혹은 은밀하게 삶을 비난하는 자들은 이런 진리에 대해, 즉 우리의 삶이라는 짧은 기간 안에서 그리고 인류 역사와 지구의 실존의 짧은 기간 안에서 영원한 의미 – 세상 모든 것의 깊이가 어느 한 존재 안에서 드러났고, 그 존재의 이름은 인간이며, 당신과 내가 인간이라는 – 를 지닌 무언가가 발생했다는 사실에 대해 자신을 개방해야 합니다.

### 인간과 지구의 정당성

만약 우리가 이 사실을 받아들이지 못하고, 상황이 그렇게 될 수도 있었으나 실제로는 그렇게 되지 않았고, 인간은 악하며, 지구는 인간의 죄책에 의해 오염되었고, 세상의 모든 시기에 살해당한 자들의 피가 하늘을 향해 복수를 탄원하고 있기에 하나님조차 자신이 창조하신 것에 대해 후회하실 수밖에 없었다고 주장한다면, 다음과 같은 말에 대해 생각해 보도록 합시다. "그러나 노아는 여호와께 은혜를 입었더라"(창 6:8). 이 한 사람이 모든 인간 안에 있는 그 무엇, 즉 인간을 악과 왜곡에도 불구하고 신성한 것의 거울이 되도록 만드는 것을 대표합니다.

그리고 기독교의 메시지는 계속됩니다. 하나님께서 그 안에서 왜곡되지 않은 자신의 형상을 발견하셨던 한 사람, 온 인류를 대표하는 한 사람, 그리고 바로 그런 이유 때문에 "하나님의 아들"(Son)과 "그리스도"(Christ)라는 이름으로 불리는 한 사람이 있습니다. 인간에 의해 오염된 지구는 인간을 통해 정화되고 성화됩니다. 다시 말해 지구는 한 인간 안에서 분명하게 드러나고 온 인류 안에서 그리고 모든 시기와 모든 장소에서 활동하는 치유와 성취와 사랑과 은혜라는 하나님의 능력을 통해 정화되고 성화됩니다. 바로 그것이 인간의 역사를 정당화합니다. 또한 바로 그것이 수백만 년 동안 인간의 도래를 준비했던 지구를 정당화하고 지구를 낳은 우주를 정당화합니다.

### 인간과 지구를 넘어서

그러나 우주는 지구에 의해서만 정당화되지 않으며, 창조는 인간에 의해서만 정당화되지 않습니다. 그 안에서 존재의 신비가 드러나는 다른 천체들, 다른 역사들, 그리고 다른 피조물들이 우리를 대체할 수도 있습니다. 우리의 무지와 편견으로 인해 우리의 생각이 우리의 지구와 우리의 역사 그리고 심지어 우리의 기독교를 넘어서지 못해서는 안 됩니다. 과학과 시적 상상력은 이런 도약을 해왔습니다. 그리고 기독교는 그런 도약에 참여하는 것을 주저해서는 안 됩니다. 더 나아가 기독교는 하나님의 능력과 영광에 대한 기독교적 경험이 지구와 인간 그리고 우주의 어느 일부나 어느 단계라는 한계를 넘어서는 고갈되지 않는 하나님의 창조성을 의미한다는 사실을 보이는 데 주저해서는 안 됩니다.

이것은 우리가 측량 가능한 시간의 과거와 미래 안에서 우주의 시작이나 끝을 찾아서는 안 된다는 것을 의미합니다. "시작"과 "끝"은 우리의 뒤와 앞에 있는 것이 아니라, 영원 안에서 우리의 위에 있습니다. 모든 것은 삶과 역사의 모든 순간에, 그리고 지구와 그것이 속한 우주의 모든 순간에 영원으로부터 나오고 또한 거기로 돌아갑니다. 창조는 과거이며 현재입니다. 성취는 미래이며 현재입니다. 과거와 미래는 현재 안에서 만납니다. 왜냐하면 그것들은 영원에서 나오고 영원으로 돌아가기 때문입니다.

인간과 인간의 지구에 대한 문제, 즉 우리 시대를 큰 근심과 감정과 생각의 갈등 속으로 던져 넣었던 그 문제는 영원의 현존에 대한 인식 없이는 답을 얻을 수 없습니다. 왜냐하면 오직 영원만이 우리를 우리가 우주의 시간과 공간의 표면에서 멸망한다는 느낌으로부터 구원해 줄 수 있기 때문입니다. 오직 영원만이 우리를 우리가 원자와 전자들의 무의미한 소용돌이 안에서 의무미한 물질이 된다는 근심으로부터 구원해 줄 수 있습니다. 오직 영원만이 우리에게, 설령 내일 우리의 역사가 끝난다고 할지라도, 지구와 인류가 헛되이 존재해 왔던 것이 아니라는 확신을 제공해 줄 수 있습니다. 왜냐하면 마지막 종말은 처음 시작이 존재하는 곳에, 즉 그에게는 "천 년이 지나간 어제 같은"(시 90:4) 분 안에 있기 때문입니다.

# 제2부

# 하나님의 실재

The Divine Reality

"시간 이후의 시간은 존재하지 않습니다.
그러나 시간을 초월하는 영원은 존재합니다."

# 7

# 성령의 임재

> ⁵우리가 무슨 일이든지 우리에게서 난 것 같이 스스로 만족할 것이 아니니 우리의 만족은 오직 하나님으로부터 나느니라 ⁶그가 또한 우리를 새 언약의 일꾼 되기에 만족하게 하셨으니 율법 조문으로 하지 아니하고 오직 영으로 함이니 율법 조문은 죽이는 것이요 영은 살리는 것이니라
>
> 고린도후서 3:5-6

"우리는, 이런 일을 할 수 있는 자격이 우리에게서 나왔다고는 생각하지 않습니다"(5절, 표준새번역, 개역성경이 이 구절에서 사용하고 있는 '만족'이라는 단어보다는 '자격'이라는 단어가 더 적

합하다 – 역주). 바울은 그렇게 쓰고 있습니다. 하나님께서 우리에게 새 언약의 일꾼이 되는 자격을 주셨습니다. 이 새 언약은 문자로 된 것이 아니라, 영으로 된 것입니다. 문자는 사람을 죽이지만, 영은 사람을 살립니다(6절).

여기서 "우리"란 누구입니까? 분명히 여기에서의 "우리"는 사도 자신과 그와 함께 일하는 사람들입니다. 이런 사람들에는 바울이 말하는 "새 언약"(new covenant, 하나님과 인간 사이의 새로운 관계)과 그것을 통한 "새로운 창조"(new creation, 바울이 그것의 메신저 역할을 하고 있는 인간과 세상의 새로운 상태)를 위해 일할 자격이 있는 모든 이들이 포함됩니다. 그리고 단편적으로라도 그것에 참여하는 모든 이들은 섬길 자격을 갖추고 있습니다.

그러나 만약 우리가 누가 그 새로운 창조에 참여하고 있는가 하고 묻는다면, 우리는 그것이 대답하기 어려운 질문이라는 것을 곧 알게 됩니다. 왜냐하면 아무도 다른 사람의 가장 깊은 내면은 물론이고 자기 자신의 내면조차 충분히 들여다볼 수 없기 때문입니다. 그러므로 아무도 다른 누군가가 인간과 세상의 새로운 상태에 참여하고 있다고 확신 있게 말해서는 안 되며, 자기 자신에 대해서도 그렇게 말해서는 안 됩니다.

그러나 또한 그는 다른 이를 향해, 비록 자기가 보기에 그의 삶이 아무리 비뚤어져 있을지라도, 그가 새로운 현실에 참여하고 있지 않으며, 따라서 그는 그런 목적을 위해 일할 자격이 없다고 말해서는 더욱 안 됩니다. 물론 아무도 자기 자신에 대해서도 그렇게 말해서는 안 됩니다.

### 하나님으로부터 오는 자격

아마도 우리 시대에는 이 마지막 사항, 즉 우리와 우리 주변 사람들이 새로운 창조를 위해 일할 자격을 갖고 있고, 그 목적을 이루기 위해 서로 도우며 서로에게 성직자 역할을 할 능력을 갖고 있다는 점을 강조하는 편이 훨씬 더 중요할 것입니다. 불과 얼마 전까지만 해도 많은 사람들은, 특히 교회의 구성원들은 자신들에게 다른 이들을 판단하고, 그들이 무엇을 믿어야 하고, 어떻게 행동해야 할지에 대해 말해 줄 수 있는 자격이 있다고 느꼈습니다. 그러나 오늘날 우리는 이런 태도가 얼마나 오만한 것인지를 깊이 느끼고 있습니다. 오히려 오늘날에는 우리에게 그런 자격이 없다는 인식이 퍼져 있습니다. 특히 중년층과 젊은 세대 사이에 그렇습니다.

우리는 우리 자신의 자격을 박탈하고 새로운 창조를 위한 섬김으로부터 후퇴하는 경향이 있습니다. 우리는 우리가 그것에 참여하고 있지 않으며 다른 이들을 그것에 참여하도록 이끌 수 없다고 느낍니다. 우리는 서로가 서로에게 성직자 노릇을 하는 명예와 부담을 꺼려합니다.

이런 현상이 나타나는 까닭은 종종 우리의 가장 숭고한 인간적 소명에 대한 무관심 때문입니다. 그러나 또한 그것은 우리 자신에 대한 절망과 의심과 죄와 공허 때문이기도 합니다. 우리는 자신이 인간과 세상의 새로운 상태로부터 무한히 멀어져 있으며, 따라서 우리가 다른 이들이 그런 상태에 이르도록 돕는 것은 완전히 불가능하다고 느낍니다.

그러나 이럴 때 우리의 본문의 다른 말씀이 유효할 수 있습니다. 그것은 아주 큰 위로가 되는 말씀으로, 우리의 자격은 우리 자신이 아니라 하나님으로부터 오며(6절), 하나님은 우리가 생각하는 것보다 훨씬 더 크시다는 것입니다. 만약 우리가 우리 자신을 넘어서 우리보다 큰 것을 본다면, 그때 우리는 우리 자신에게 가장 긴급한 도움이 필요한 바로 그 순간에 우리가 다른 이들을 도우라는 요청을 받고 있다고 느낄 수 있습니다. 그리고 놀랍게도 우리는 그렇게 도울 수 있습니다. 우리의 것이 아닌 어떤 힘이 우리를 통해 일합니다. 우리는 우리의 존재의 심연으로부터, 아마도 우리 자신의 큰 근심의 한가운데서 말들이 솟아 올라와 다른 이의 존재의 심연과 그의 큰 근심을 아주 강하게 두들김으로써 그 사람이 새로운 상태에 이르도록 도왔던 경우들을 기억할 수 있을 것입니다.

어쩌면 우리는 우리가 알기로 그의 삶이 비뚤어져 있던 한 사람의 행동이 우리에게 성직자적이고 정신을 일깨우며 치유하는 영향을 끼쳤던 다른 경우들을 기억할지도 모릅니다. 그런 영향력은 그에게서 온 것이 아니지만 그 사람 안에 있었습니다. 마치 그것이 우리에게서 오지는 않았으나 우리 안에 있었던 것처럼 말입니다.

개인적 입장에서든 교회적 입장에서든, 다른 이들에게 새로운 창조를 오만하게 중재하는 자가 되려 하지 맙시다. 그러나 우리 자신에 대한 절망이나 우리의 최고의 관심사가 되어야 하는 것에 대한 무관심 때문에 서로에게 성직자가 되는 과업을 거부하지도 맙시다. 우리의 자격은 우리로부터가 아니라, 그 어떤 사람이나 제도로부터가 아니라, 심지어 교회로부터도 아니라, 하나님께로부터 온다는 말씀은 우리의 오만과 절망 모두에 반기를 듭니다. 그리고 만약 그것이 하나님께로부터 온다면, 그것은 우리의 영혼 안에서 나타나는 하나님의 성령의 임재입니다.

### 성령의 의미

오늘날 우리는 "성령"(Holy Spirit)이라는 말을 들을 때 그 말에 대해 어느 정도는 준비가 되어 있습니다. 즉 우리는 성령은 우리에게 인간과 세상의 새로운 상태를 위해 일할 자격을 부여하는 것으로서 우리 안에 있으나 우리의 것이 아닌 어떤 능력을 의미한다고 생각합니다. 이것은 교회 안팎 모두에서 많은 이들에게 낯선 말로 들립니다. 그들에게 "성령"이라는 용어는 기독교적 상징들에서 나타나는 낯선 용어들 중에서도 가장 낯선 것입니다.

성령은 설교의 주제가 되는 경우가 거의 없을 뿐 아니라 종교적 가르침에서도 무시됩니다. 성령의 축제인 오순절은 이 나라(미국-역주)의 일반적인 의식 속에서 거의 사라지고 말았습니다. 특별한 성격의 영적 체험을 주장하는 몇몇 집단들은 건강하지 않은 것으로 간주되고 있는데, 그들이 그렇게 간주되는 데에는 종종 그럴 만한 이유가 있습니다.

예배에서 사용되는 "성령"(Holy Ghost)이라는 용어는 우리의 일반적인 어법 및 사고방식과 크게 동떨어진 느낌을 낳습니다. 그러나 영적 경험은 모든 사람들에게 하나의 현실입니다. 그것은 사랑을 받는 것이나 공기를 흡입해 숨을 쉬는 것만큼이나 실제적인 경험입니다. 그러므로 우리는 "성령"이라는 단어를 사용하는 것을 부끄러워할 필요가 없습니다. 우리는, 설령 우리가 우리의 영에 임재하시는 하나님에 대한 우리의 경험이 얼마나 제한되어 있는지 잘 알고 있을지라도, 우리 주변과 우리 안에서 "성령의 임재"(the Spiritual Presence)를 분명하게 인식해야 합니다. 왜냐하면 바로 그것이 하나님의 영이 의미하는 것이기 때문입니다.

성령은 우리의 영에 임재하시는 하나님을 의미합니다. 성령은 어떤 신비로운 물질이 아닙니다. 그것은 하나님의 일부가 아닙니다. 그것은 하나님 자신입니다. 그러나 그것은 모든 것의 창조적 근거로서의 하나님이나 역사를 이끌고 그것의 중요한 사건들 속에서 자신을 드러내시는 하나님이 아니라, 공동체와 개인들 안에 임재하셔서 그들을 사로잡고, 그들에게 영감을 불어넣으시고, 그들을 변화시키는 분으로서의 하나님이십니다.

성령은 무엇보다도 인간의 정신을 그것이 그 자체로는 도달할 수 없는 것, 즉 다른 모든 은사들보다 큰 사랑과 존재의 심연이 그 안에서 우리를 향해 자신을 열어 보이는 진리와 궁극적인 것의 현존의 표현인 거룩한 것을 향해 올라가도록 내몰아가는 능력입니다.

### 성령 임재의 증거

당신은 다시 다음과 같이 말할지 모릅니다. "나는 이런 능력을 알지 못해. 나는 그런 경험을 해본 적이 없어. 나는 종교적인 사람이 아니야. 적어도 나는 기독교인이 아닐 뿐 아니라 성령을 받지도 않았어. 당신이 하는 말은 내게는 황홀하게 느껴져. 그러나 나는 온전한 정신 상태를 유지하고 싶어. 그것은 신비로운 소리로 들려. 그러나 나는 모호한 것을 밝히려고 애쓰고 있어. 그것은 자기희생을 요구하는 것처럼 보이는데, 나는 나의 인간적 가능성들을 성취하고 싶어."

이런 말에 대해 나는 다음과 같이 대답합니다. "확실히 성령의 능력은 어떤 이들을 우리들 대부분이 결코 경험해 보지 못한 황홀경 속으로 밀어 넣을 수 있습니다. 그것은 어떤 이들을 우리들 대부분이 감당할 수 없는 자기희생 속으로 몰아갈 수 있습니다. 그것은 어떤 이들을 고무해 우리들 대부분이 접근할 수 없는 존재의 심연에 대한 통찰을 얻게 할 수도 있습니다. 그러나 그것이 우리가 성령이 우리 안에서 역사하시는 것을 거부하는 것을 정당화해 주지 않습니다. 의심할 여지없이, 성령이 어디에서 역사하시든, 거기에는 아무리 작을지라도 자기 포기라는 요소가 존재하며, 아무리 약할지라도 황홀경의 요소가 존재하며, 어쩌면 현실로부터 도피하는 것일 수도 있겠지만 실존의 신비에 대한 인식이라는 요소가 존재합니다. 그러나 성령의 능력의 이런 작은 결과들은 그것의 현존을 증거하기에 충분합니다."

그러나 성령의 임재와 관련해 인식이 가능한 또 다른 주목할 만한 증거들이 있습니다. 내가 그것들 중 몇 가지를 열거하는 동안 그것들이 당신의 경험과 일치하는지, 또한 일치한다면 어느 정도나 일치하는지 자문해 보시기 바랍니다. 성령은 당신 안에서 부드럽지만 지속적인 음성으로 역사하면서 당신에게 당신의 삶은 공허하며 의미가 없다고, 그러나 그 공허를 채우고 그 지루함을 정복할 수 있는 새로운 삶의 기회가 당신의 내면의 자아의 문 앞에 기다리고 있다고 말할 수 있습니다.

성령은 당신 안에서 역사하면서 당신으로 하여금 매일의 삶의 불경함과 맞서서 숭고함을 향해 나아가고자 하는 갈망을 갖게 만들 수 있습니다. 성령은 당신에게 당신이 당신 주변과 당신 안에서 경험해 왔던 파괴성에도 불구하고 삶을 향해 "예"라고 말할 용기를 제공할 수 있습니다. 또한 성령은 당신에게 당신이 누군가에게 깊은 상처를 주었다는 사실을 밝혀

줄 수 있고, 또한 당신과 그를 재결합시켜 줄 올바른 말을 제공해 줄 수도 있습니다. 성령은 당신으로 하여금 당신이 심각하게 혐오하거나 아무 관심도 갖고 있지 않은 누군가를 거룩한 사랑으로 사랑하게 만들 수 있습니다. 성령은 당신의 삶의 목표에 대한 당신의 게으름을 정복할 수 있고, 당신의 공격적이고 절망적인 기분을 안정과 평온으로 바꿀 수도 있습니다.

성령은 당신을 당신이 사랑하는 사람에 대한 숨겨진 적대감으로부터, 또한 당신이 그로 인해 상처를 받았다고 느끼는 사람을 향한 노골적인 복수심으로부터 해방시켜 줄 수 있습니다. 성령은 당신에게 그릇된 근심을 떨쳐 버리고 삶에 따르는 근심을 짊어질 힘을 제공할 수 있습니다. 성령은 당신의 정신을 일깨워 당신이 그 안으로 당신의 세계를 이끌어가야 하는 길에 대한 갑작스러운 통찰을 얻게 해줄 수 있고, 또한 그것에 대해 당신의 눈을 뜨게 함으로써 모든 것을 새롭게 만들 수도 있습니다.

성령은 슬픔의 심연에서뿐 아니라 일상의 한 가운데에서도 당신에게 기쁨을 줄 수 있습니다. 성령은 당신이 당신의 안팎에서 느끼는 냉랭함 속에서 따스함을 만들어낼 수 있습니다.

또한 성령은 누군가에 대한 인간적 사랑이 실패한 곳에서 당신에게 지혜와 힘을 제공할 수도 있습니다. 성령은 당신을 당신 자신에 대한 절망이라는 지옥 속으로 밀어 넣은 후 당신이 완전히 거부되었다고 느끼거나 당신이 자신을 완전히 거부할 때, 당신에게 삶이 당신을 용납했다는 확신을 제공할 수 있습니다.

성령은 당신에게 성령의 임재를 통하지 않고서는 아무도 가질 수 없는 기도의 능력을 제공할 수 있습니다. 왜냐하면 말로 하는 기도든 말없이 하는 기도든 목적을 이루는 모든 기도는-그것은 우리의 존재의 신적 근거와의 재결합입니다-우리 안에서 그리고 우리를 통해서 말씀하시는 성령의 역사(役事)이기 때문입니다. 기도는 유한한 존재가 그 기원에로 돌아가고자 하는 성령에 의해 촉구되는 갈망입니다.

### 성령 역사의 양태

성령의 역사들, 즉 우리와 함께 그리고 우리 안에 계신 성령의 임재에 대한 징표들이 존재합니다. 그런 징표들의 드러남에 비추어볼 때, 과연 그 누가 자신은 성령과 무관하다고 단언할 수 있겠습니까? 그 누가 자신은 어떤 식으로도 성령의 담지자(擔持者)가 아니라고 말할 수 있겠습니까? 그는 성령의 아주 조촐한 담지자일 수 있습니다. 그러나 과연 우리 중 그 누가 자신에 대해 그 이상으로 말할 수 있겠습니까?

우리는 성령의 임재를 우리 주변에 있는, 우리와 가장 가까이 있는, 그리고 우리 안에서 활동하는 생기(生氣)와 비교할 수 있습니다. 이런 비교는 심원한 정당성을 갖고 있습니다. 대부분의 언어에서 "영"이라는 단어는 "숨"이나 "바람"을 의미합니다. 때로 바람은 웅대하고 파괴적인 폭풍이 되기도 합니다. 대부분 그것은 움직이는 공기입니다. 그것은 늘 존재하지만, 늘 인식되지는 않습니다. 비슷한 방식으로 성령은 늘 현존하며 움직이는 힘입니다. 그것은 때로는 개인과 집단들의 폭풍 같은 황홀경 속에 존재하지만, 대개는 조용히 우리 인간의 영혼 속으로 들어와 그것을 살아 있게 합니다.

그것은 때로는 역사와 개인의 삶의 위대한 순간들에 모습을 드러내지만, 대개는 우리가 매일 만나는 사람들과 세상이라는 중개물을 통해 숨어서 활동합니다. 그것은 때로는 그것의 창조력과 종교 공동체들과 그것들의 영적 수단들을 사용하지만, 종종 종교적이라고 불리는 것과 상관없는 영역들에서 모습을 드러내기도 합니다. 바람처럼 성령도 자신이 원하는 곳으로 불어갑니다! 그것은 어떤 규칙에 얽매이거나 이런저런 방법들에 의해 제한되지 않습니다.

성령이 사람들에게 역사하는 방식은 그들이 누구이며 무엇을 하는지에 달려 있지 않습니다. 당신은 성령이 당신 자신에게, 어떤 개인에게, 어떤 집단에게, 혹은 심지어 교회에게 임하도록 강제할 수 없습니다. 비록 교회의 토대이신 분 자신이 성령을 갖고 계셨을지라도, 또한 비록 그분 안에 계신 성령이야말로 성령의 임재에 대한 가장 큰 표현일지라도, 성령은 기독교 교회나 그런 교회들 중 어느 하나에 매여 있지 않습니다. 성령은 모든 인간적 상황에 처한 사람들의 영 안에서 자유롭게 역사합니다. 또한 성령은 사람들에게 자신이 그들에게 행하는 역사를 받아들이도록 촉구합니다. 성령 하나님은 늘 인간의 영에 임재하십니다.

### 하나님 부재의 경험

그러나 그렇다면 어째서 시편 기자는 "주의 성령을 내게서 거두지 마소서"(시 51:11)라고 기도하는 것입니까? 그리고 어째서 우리는 오늘날 "부재하시는 하나님"(absent God) — 그것은 오늘날 문학과 예술에서 그리고 무엇보다도 수많은 사람들의 개인적 경험 속에서 일정한 역할을 감당하고 있는 용어입니다 — 에 대해 말하는 것입니까? 우리는 어떻게 성령의 임재라는 메시지와 하나님의 부재 경험을 결합시킬 수 있을까요?

나는 먼저 "하나님의 부재의 원인은 무엇인가?"라고 물음으로써 부재하시는 하나님에 관해 말해 보려고 합니다. 우리는 우리의 저항, 무관심, 진지함의 부족, 정직하거나 부정직한 질문, 참되거나 냉소적인 의심 등을 언급할 수 있을 것입니다. 사실 그 모든 대답들은 얼마간의 진실을 포함하고 있습니다. 그러나 그것들은 최종적인 대답이 아닙니다. 누가 하나님을 부재하시게 만드는가 하는 질문에 대한 최종적인 대답은 바로 "하나님 자신"(God Himself)이라는 것입니다!

하나님을 몇몇 사람들뿐 아니라 때로는 특정한 시대의 수많은 사람들의 시야에서 사라지게 만드는 것은 성령의 역사입니다. 우리는 우리가 아는 하나님이 부재하시는 하나님인 시대에 살고 있습니다. 그러나 우리는 하나님을 부재하시는 하나님으로 알면서 하나님에 관해 압니다. 우리는 그분의 부재를 한때 우리에게 속했으나 이제는 우리의 시야에서 사라진 그 무엇 혹은 그 누군가에 의해 남겨진 빈자리로 느낍니다.

하나님은 늘 우리와 무한히 가까이 계시고 또한 무한히 멀리 계십니다. 그러나 때로 그분에 대한 우리의 인식이 얕아지고 습관적인 것, 즉 덥지도 않고 차갑지도 않은 것이 될 때, 그분이 우리의 관심을 끌기에는 우리에게 너무나 익숙해질 때, 무한한 거리를 느끼기에는 그분이 우리와 너무 가까이 계신 것으로 느껴질 때, 그분은 우리에게 부재하시는 하나님이 됩니다.

성령은 임재하기를 그치지 않습니다. 성령의 임재는 끝나는 법이 없습니다. 그러나 하나님의 영이 우리의 시야에서 하나님을 숨깁니다. 성령에 대한 우리의 저항도, 무관심도, 의심도 우리에게서 성령을 몰아내지 못합니다. 그러나 늘 우리에게 임재하시는 성령은 그 자신을 숨길 수 있습니다. 그리고 이것은 성령이 우리에게서 하나님을 숨길 수 있다는 것을 의미합니다. 그때 성령은 우리에게 부재하시는 하나님과 그분의 공간인 우리 안에 있는 빈 공간 외에는 아무것도 보여 주지 않습니다.

성령은 우리 시대와 우리 시대의 수많은 사람들에게 부재하시는 하나님과 우리 안에서 그분에 의해 채워지기를 갈구하고 있는 빈 공간을 보여 주었습니다. 그리고 이제 그 부재하시는 분이 돌아와서 그분께 속한 공간을 차지하실 수도 있습니다. 그리고 성령의 임재가 다시 우리의 의식 속으로 깨치고 들어와 우리를 일깨워 우리가 누구인지 깨닫게 하고, 우리를 뒤흔들고, 우리를 변화시킬 수도 있습니다.

그런 일은 폭풍우가 다가오는 것처럼 일어날 수 있습니다. 성령의 폭풍은 고여 있는 공기와도 같은 우리의 영적 삶을 휘저으며 다가올 수 있습니다. 그리고 그 폭풍은 물러갈 것입니다. 새로운 침체가 발생할 수 있습니다. 그리고 현존하시는 하나님에 대한 인식이 우리 안에 있는 빈 공간에 대한 인식에 의해 대체될 수 있습니다. 성령 안에서의 삶은 밀물과 썰물 같습니다. 그리고 이것은, 우리가 임재하시는 하나님을 경험하든 아니면 부재하시는 하나님을 경험하든, 그것이 성령의 역사라는 것을 의미합니다.

**율법 조문의 위력**

이제 우리 안에 임재하시는 성령을 보여 주는 한 가지 징후에 대해 설명하려고 합니다. 그것은 다음과 같은 바울의 말을 통해 가장 위대하고 강력하게 표현되었습니다. "율법 조문으로 하지 아니하고 오직 영으로 함이니 율법 조문은 죽이는 것이요 영은 살리는 것이니라"(6절). 우리 안에 임재하시는 성령의 역사는 그것이 우리를 율법의 멍에로부터 성령의 자유에로 해방시킬 때 최고점에 도달합니다. 이것은 사망 선고를

면제받고 새 생명을 얻는 것이나 다름없습니다. 이런 말 뒤에는 굉장한 경험이 놓여 있습니다. 그 경험은 우리 모두가 동참할 수 있으나 그 온전한 깊이에 있어서 진기한 경험이며, 그렇기에 바울이나 어거스틴이나 루터 같은 사람들을 통해 영적 세계를 변화시키고, 또한 그것을 통해 인류의 역사를 뒤바꾸는 혁명적인 힘을 갖고 있는 경험입니다. 당신과 내가 그런 경험에 동참할 수 있겠습니까?

무엇보다도 우리 모두는 율법 조문의 치명적인 위력을 느껴보지 않았습니까? 단지 십계명과 성경과 역사 속에서 이루어진 그것들에 대한 수많은 해석들뿐 아니라, 부모들과 사회가 그들의 권위적인 펜으로 우리의 존재의 무의식의 심연에 새겨 넣어 우리가 늘 그것을 인식하고 그렇게 함으로써 우리가 하는 일과 무엇보다도 우리의 본질에 비추어 늘 자신을 판단하도록 만드는 율법 조문의 위력을 말입니다.

아무도 외적으로뿐 아니라 내적으로도 쓰여 있는 이런 율법 조문의 목소리를 피해 달아날 수 없습니다. 그리고 만약 우리가 그 소리를 침묵시키고 그것에 대해 우리의 귀를 닫고자 한다면, 성령 자신이 그런 시도들을 좌절시키고, 우리로 하여금 영원의 빛 안에서 우리가 누구이며 어떤 존재가 되어야 하는지에 대한 우리의 참된 존재의 외침에 귀를 기울이게 만듭니다.

우리는 우리에 대한 이런 심판으로부터 도망칠 수 없습니다. 성령 자신이 율법 조문을 사용해 그것을 불가능하게 만듭니다. 왜냐하면 성령은 우리에게 생명을 제공할 때마다 우리를 죽음의 경험을 통해 이끌기 때문입니다. 그리고 분명히 율법 조문은 그 위협적인 위엄(威嚴) 안에 죽이는 능력을 갖고 있습니다. 그것은 우리에게 우리가 적대적으로 느끼는 무언가를 강요함으로써 우리의 존재를 실현하는 기쁨을 죽입니다. 그것은 우리로 하여금 율법의 조항들을 바라보게 함으로써 우리가 사물과 사람들 안에서 부닥치는 문제들에 창조적으로 대응할 자유를 죽입니다. 그것은 우리가 이 순간의 부름과 다른 이들의 무언의 음성과 지금 여기에 대해 귀를 기울이는 우리의 능력을 죽입니다. 그것은 근심에 쫓기는 양심의 가책을 통해 우리의 행동하고자 용기를 죽입니다. 또한 그것을 아주 진지하게 여기는 사람들 사이에서 그것은 신앙과 소망을 죽인 후 그것들을 자기 정죄와 절망 속으로 내던집니다.

**생명을 주시는 성령**

율법 조문을 피해 달아날 방법은 없습니다. 성령 자신이 우리가 타협자가 되는 것을, 즉 계명들을 반쯤은 성취하고 반쯤은 무시하는 것을 못하게 합니다. 성령은 우리가 무관심이나 무법성 속으로, 혹은 가장 일반적으로 평균적인 자기의(自己義) 속으로 달아나려고 할 때마다 우리를 잡아끕니다. 그러나 그것은 우리를 율법 조문에 매달리게 하기 위한 것이 아니라 우리에게 생명을 주기 위한 것입니다.

우리가 성령이 우리에게 주시는 생명을 어떻게 묘사할 수 있을까요? 우리는 바울 자신이 말하고 그후 교회의 위대한 설교자들과 교사들이 따라했던, 우리 모두에게 잘 알려진 여러 가지 말들을 사용할 수 있습니다. 우리는 우리를 율법에서 해방시키는 성령의 역사를 자유라고, 믿음이라고, 또는 소망이라고 부를 수 있습니다. 그리고 무엇보다도 우리는 그것이 모든 율법이 그 안에서 확증되고 성취되고 그와 동시에 극복되는 사랑을 창조한다고 말할 수도 있습니다.

그러나 만약 우리가 그런 말들을 사용한다면, 부재하시는 하나님의 그림자가 나타날 것이고, 그 그림자는 당신과 나에게 오늘날 우리가 그런 식으로 말해서는 안 된다는 것을 깨닫게 할 것입니다. 만약 우리가 그렇게 한다면, 자유는 고의성으로 왜곡될 것이고, 신앙은 불합리한 것에 대한 믿음으로 왜곡될 것이고, 소망은 비현실적인 기대로 왜곡될 것이고, 사랑─ 사실 그것이 내가 성령의 창조에 대해 가장 사용하고 싶은 단어입니다─은 센티멘털한 감정으로 왜곡될 것입니다.

성령은 우리에게 새로운 단어들을 제공하거나, 오래된 단어들이 참된 생명을 표현할 수 있도록 그것들에 새로운 활력을 불어넣을 것입니다. 우리는 그런 단어들을 기다려야 합니다. 우리는 그런 단어들을 얻기 위해 기도해야 합니다. 우리는 그런 단어들을 강제할 수 없습니다. 그러나 우리는 우리의 삶의 어떤 순간들에 삶이 무엇인지 알게 됩니다. 우리는 그것이 위대하고 거룩하며, 깊고 풍성하며, 황홀하고 온전하며, 시간에 의해 제한되고 왜곡되며, 영원에 의해 실현된다는 것을 알게 됩니다. 그리고 설령 하나님의 부재 안에 있는 우리에게 마땅한 단어가 떠오르지 않을지라도, 우리는 그 안에서 성령과 참 생명이 아무런 제한 없이 드러나는 분의 모습을 말없이 바라보게 될 것입니다.

# 8

# 하나님의 이름

⁷너는 네 하나님 여호와의 이름을 망령되게 부르지 말라 여호와는 그의 이름을 망령되게 부르는 자를 죄 없다 하지 아니하리라

출애굽기 20:7

**십계명 중 다른 계명들은** 생명과 명예와 재산을 보호하려고 하는 반면, 세 번째 계명은 이름을 보호하려고 합니다. 그렇다면 이름에는 무언가 특별한 것이 있음이 분명합니다. 물론 하나님은 자신을 보호하실 필요가 없습니다. 그러나 그분은 자신의 이름을 보호하십니다. 그것도 아주 진지하게 그

렇게 하셔서 이 계명에 특별한 위협을 추가하시기까지 합니다. 이것은 이름 안에는 그 이름을 지닌 자가 현존하기 때문입니다. 고대인들은 자신이 그의 숨겨진 이름을 아는 존재를 제압할 수 있다고 믿었습니다. 사람들은 세상을 구원하는 신이, 마치 오늘날 우리가 우리의 무의식의 심연을 어지럽히고 우리를 정신질환으로 몰아가는 힘들의 숨겨진 이름을 알아내고자 애쓰듯이, 이름들에 구체화된 힘의 신비를 밝힘으로써 마귀들을 정복한다고 믿었습니다. 만약 우리가 그들의 은밀한 활동에 대한 통찰을 얻는다면, 우리는 그들의 힘을 쳐부술 수 있습니다.

### 숭고한 당혹감

인간은 늘 동일한 방식으로, 즉 그 힘을 깨뜨리기 위해서가 아니라 우리의 목적에 이용하기 위해서 하나님의 이름을 사용해왔습니다. 예를 들어, 기도에서 하나님의 이름을 부르는 것은 하나님을 우리의 목적을 위한 도구로 삼으려는 시도를 의미할 수 있습니다. 이름은 결코 공허한 소리가 아닙니다. 그것은 힘을 갖고 있습니다. 그것은 보이지 않는 것에게 영적 현존을 제공합니다. 이것이 하나님의 이름이 망령되이 불릴 수 있는, 또한 사람이 그 이름을 망령되이 부름으로써 자신을 파멸시킬 수 있는 이유입니다. 왜냐하면 거룩한 분을 향한 기도는 우리를 아무런 영향도 받지 않은 상태로 내버려두지 않기 때문입니다. 만약 그 기도가 우리를 치유하지 않는다면, 그것은 우리를 쇠약해지게 만들 수 있습니다. 바로 그것이 하나님의 이름을 사용하는 데 따르는 심각함입니다. 바로 그것이 종교의 그리고 심지어는 반종교의 위험입니다. 왜냐하면 하나님의 이름은 오용될 수도 있고 잘 사용될 수도 있기 때문입니다.

이제 "하나님"(God)이라는 단어를 사용하는 데 – 그 단어를 부정하는 경우든 긍정하는 경우든 상관없이 – 따르는 위험에 대해, 또한 우리가 "하나님"이라고 말할 때 느끼는 "숭고한 당혹감"(sublime embarrassment)에 대해 생각해 봅시다. 우리는 그런 당혹감을 세 가지 형태로 구분할 수 있습니다. 그것들은 "재치로 인한 당혹감", "의심으로 인한 당혹감", 그리고 "경외로 인한 당혹감"입니다.

### 재치로 인한 당혹감

얼마 전 나는 어느 지성적인 리더 한 사람이 "나는 모든 사람들이 다시 하나님에 관해 당혹감을 느끼지 않으며 말할 수 있는 날이 오기를 소망한다"라고 말했다는 보도를 접한 적이 있습니다. 그가 진지하게 말했던 것이라면, 그 말은 깊이 생각해 볼 가치가 있습니다. 특히 이것은 지난 15년 동안 이 나라 사람들이 하나님의 이름을 기꺼이 사용하려고 하는 측면에서 놀랍게 성장했다는 사실에 비추어 본다면 더욱 그러합니다. 그것은, 비록 종교의 부흥이라고까지는 할 수 없겠지만, 분명히 종교적 인식에 대한 확실하고도 놀라운 부흥이었습니다.

그런데 혹시 우리는 이런 기꺼움이 사람들을 그들이 하나님의 이름을 숭고한 당혹감 없이, 또한 그 거룩한 이름 안에 이름 이상의 무언가가 현존한다는 사실에 의해 부과되는 제한 없이 사용하는 상태로 이끌어 주기를 바라는 것입니까? 그러나 사람들이 하나님의 이름을 당혹감 없이 사용하는 것이 과연 바람직한 것일까요? 당혹스럽지 않은 종교가 바람직한 것일까요? 분명히 아닙니다! 왜냐하면 자신의 이름 안에 현존하시는 하나님은 우리에게 소심한 마음과 두려워하는 마음을 요구하시기 때문입니다.

모든 사람은 이제나 저제나 자기가 하나님의 이름을 사용할 것인지 하지 않을 것인지, 또한 찬성하는 입장에서든 반대하는 입장에서든 신앙적인 문제들에 개인적으로 개입하면서 말할 것인지 아닌지를 결정해야 하는 상황에 처하게 됩니다.

그리고 종종 그런 결정을 하는 것은 아주 어려운 일입니다.

우리는 자신이 어떤 모임들 안에서는 침묵해야 한다고 느낍니다. 왜냐하면 그런 곳에서 하나님의 이름을 거론하거나 종교에 관해 말하는 것은 "재치"(tact)가 없는 것일 수 있기 때문입니다. 그러나 우리의 이런 태도는 아주 모호합니다. 우리는 자신이 실제로는 비겁한 것일 수도 있는 때에 자신이 재치가 있다고 믿습니다. 또한 때로 우리는, 그것이 실제로는 우리가 말하는 것을 막아 주는 재치임에도 불구하고, 자신이 비겁하다고 스스로 비난합니다.

이런 일은 하나님을 위해(for God) 말하는 사람들에게뿐 아니라, 하나님에 맞서서(against God) 말하는 사람들에게도 일어납니다. 하나님을 위하든 그분에게 맞서든, 그분의 이름이 우리의 입술 위에 오르면, 우리는 당혹스러워합니다. 왜냐하면 그때 우리는 사회적 재치 이상의 무언가가 문제가 되고 있다고 느끼기 때문입니다.

우리가 긍정하는 입장에서든 부정하는 입장에서든 하나님의 이름을 거론할 때, 우리는 자신을 고립시키거나 우스꽝스러운 사람으로 만들 수 있습니다. 그러나 하나님의 이름을 거론함으로써 삶에서 최초로 성령의 임재를 경험하고 결정적인 순간을 맛보는 사람에게는 또 다른 측면이 있을 수 있습니다.

물론 어쩌면 누군가는 어떤 이가 재치 없이 하나님의 이름을 언급하는 것으로 인해 종교에 대해 명백한 거부감을 느낄 수도 있습니다. 그는 그런 종교는 하나님의 이름에 대한 남용이라고 여길 수도 있습니다. 설령 우리가 어떤 이들과 친밀하게 대화를 나누는 사이일지라도, 우리가 그들의 마음을 꿰뚫어볼 수는 없습니다. 그러나 우리는 "지금" 용기 있게 말하고 "지금" 재치 있게 침묵하는 모험을 해야 합니다. 그러나 우리는 어떤 경우에도 하나님에 대한 직접적인 확언이나 부인을 해서는 안 됩니다. 그것은 경외감 때문에 나타나는 재치가 부족한 것입니다. 우리는 하나님이 그분의 이름 안에서 그리고 그분의 이름을 통해서 실제로 현존하시는 것과 관련해 놀라운 당혹감을 잃어버려서는 안 됩니다.

### 성령이 주시는 재치

많은 이들이 자녀들에게 하나님의 이름을 가르쳐야 했을 때 이런 당혹감이 주는 고통을 느꼈습니다. 또 다른 이들은 그들이 위험한 미신에 대한 표현이라고 여기는 하나님의 이름으로부터 자녀들을 보호하려고 했을 때 그런 감정을 느꼈습니다. 부모가 자녀들에게 자연과 역사와 관련된 여러 가지 내용을 가르치면서 당혹스러워하지 않는 것은 자연스러워 보입니다. 또한 자녀들에게 거룩한 것에 관해 가르치는 것 역시 동일하게 자연스럽다고 여기는 부모들도 있습니다. 그러나 내가 믿기로는, 우리 부모들 중 많은 이들은 바로 이 상황에서 숭고한 당혹감을 느낍니다.

우리는 예수님이 그러셨던 것처럼 어린아이들은 어른들보다 하나님의 현존에 대해 훨씬 더 많이 열려 있다는 것을 압니다. 그러나 만약 우리가 하나님의 이름을 쉽게 사용한다면, 아마도 그것은 그런 열림을 닫아버리고 우리의 아이들을 하나님의 이름 안에 현존하는 것의 깊이와 신비에 대해 둔감해지게 하는 것일 수 있습니다.

그러나 반면에, 만약 우리가 아이들이 그 이름을 듣지 못하게 하려고 한다면, 그것이 우리가 그 이름을 긍정하기 때문이든 아니면 부인하기 때문이든, 공허감이 그 아이들의 마음을 채울 것이고, 훗날 그들은 우리가 그들의 삶에서 가장 중요한 것을 제거해 버렸다고 비난하게 될 것입니다. 이런 위험들 사이에서 올바른 길을 찾으려면 성령의 영감에 의한 재치가 필요합니다. 우리는 기계적인 솜씨나 심리학적 지식이 부모나 교사들 그리고 특히 종교 교사들의 숭고한 당혹감을 대체하도록 허락해서는 안 됩니다.

민감한 귀를 지닌 이들의 감정을 상하게 하는 하나님의 이름에 대한 오용의 형태가 있습니다. 그것은 그 이름을 오용하는 자들이 그 이름을 아무렇게나 사용하면서도 아무런 걱정도 하지 않는 것입니다. 지금 나는 하나님과 아무 상관도 없는, 그러나 좋게든 나쁘게든 인간적 목적과는 아주 크게 상관이 있는 하나님의 이름에 대한 공적 사용에 관해 말씀드리고 있는 것입니다. 우리 중 하나님의 이름에 존재하는 신비에 사로잡힌 사람들은 그 이름이 정부와 정치권의 연설에서, 회의의 개막기도나 식사기도에서, 세속적이거나 종교적인 홍보에서, 그리고 국가들 간의 선전포고에서 사용될 때 종종 고통을 느낍니다.

대개 사람들은 하나님의 이름을 빈번하게 사용하는 것을 찬양합니다. 마치 그것이 우리가 종교적인 국가임을 보여 주는 표시이기라도 한 것처럼 말입니다. 그리고 우리는 그것을 자랑하면서 우리나라와 다른 나라들을 비교합니다. 이런 일은 비난을 받아야 할까요?

그런 일을 비난하지 않기는 어렵습니다. 그러나 또한 그렇게 비난하는 것이 쉬운 일도 아닙니다. 만약 사람들이 하나님의 이름을 완전한 확신을 갖고서, 또한 그로 인한 당혹감과 성령이 주시는 재치를 갖고서 공개적으로 사용한다면, 그 이름은, 비록 그런 적은 거의 없지만, 다른 사람들에게 상처를 주지 않고 사용될지도 모릅니다. 하나님의 이름은, 그분의 이름의 영광을 위한 것이 아닌 목적을 위해 사용될 때, 대개 망령되이 사용됩니다.

**의심으로 인한 당혹감**

하나님의 이름을 사용하는 것과 관련해 숭고한 당혹감을 일으키는 보다 기본적인 원인이 있습니다. 그것은 바로 하나님 자신에 대한 "의심"(doubt)입니다. 그런 의심은 인간에게 보편적입니다. 그리고 만약 우리가 하나님을 우리에게 익숙한 세계에 속한 어떤 대상처럼 소유할 수 있다면, 또한 우리가 그분의 실재를 마치 우리의 탐구의 대상이 되는 그 어떤 다른 실재들처럼 증명해낼 수 있다면, 그 하나님은 이미 하나님이 아닐 것입니다.

의심이 정복되지 않는다면, 신앙은 존재하지 않습니다. 신앙은 무언가를 극복해야 합니다. 그것은 증거를 제공하는 일반적인 과정들을 뛰어넘어야 합니다. 왜냐하면 신앙의 대상은 과학적 증명이 가능한 모든 영역 위에 놓여 있기 때문입니다. 신앙은 의심을 제거함으로써가 아니라 그것을 자기 안에 있는 하나의 요소로 받아들임으로써 그것을 정복하는 용기입니다. 나는 하나님에 대한 그 어떤 진지한 긍정에서도 신앙을 통해 정복된 의심의 요소가 완전하게 결여된 적은 결코 없다고 확신합니다.

의심이 늘 표면에만 머무는 것은 아닙니다. 오히려 그것은 늘 우리의 존재의 심연에서 우리를 갉아먹습니다. 지금 우리는 겉보기에 순전하고 흔들림 없는 신앙을 갖고 있는 사람들과 친밀하게 교제하고 있을 수 있습니다. 그러나 우리가 어떤 중요한 순간에 표면까지 솟아오르는 그들의 내면의 의심을 발견하기는 어렵지 않습니다.

종교 지도자들은 우리에게 그들의 마음 안에서 벌어지고 있는 신앙과 불신앙 사이의 싸움에 대해 직·간접적으로 말해 줍니다. 우리는 광적인 신앙인들로부터 하나님에 대한 그들의 의문의 여지없는 확언 아래에서 들려오는 그들의 억압된 의문의 날카로운 소리를 듣습니다. 그것은 억압되어 있으나 완전히 소멸하지는 않았습니다.

다른 한편, 우리가 삶의 의미로부터의 도망에 대한 표현이라고 할 수 있는 하나님에 대한 냉소적인 부정의 말을 들을 때, 우리는 그 말 속에서 교묘하게 숨겨진 절망, 즉 그런 부정에 대한 확언이 아니라 오히려 의심을 드러내는 절망의 음성을 듣습니다.

또한 우리는 하나님을 부정하기 위해 과학적 이유들을 제시하는 사람들과 만날 때, 그들이 오직 하나님에 대한 미신적 개념들과 싸울 때만 - 그리고 타당하게 그렇게 할 때만 - 자신들의 부정에 대해 확신한다는 것을 발견합니다. 그러나 그들이 참으로 하나님이신 하나님에 대해 질문할 때, 즉 인간의 삶 전체와 그들의 학문적 작업을 포함해 그들 자신의 삶의 의미에 대해 질문할 때, 그들의 확신은 비틀거립니다. 왜냐하면 하나님을 긍정하는 사람이나 부정하는 사람 모두가 자신의 긍정이나 부정에 관해 궁극적으로 확신할 수 없기 때문입니다.

### 신앙과 의심의 혼합

우리가 하나님을 긍정하든 부정하든, 확신이 아니라 의심이 우리 인간의 상황입니다. 그리고 아마도 그 둘 사이의 차이는 우리가 흔히 생각하는 것처럼 그렇게 크지 않습니다. 그 둘은 아마도 신앙과 의심의 혼합이라는 측면에서 아주 비슷할 것입니다. 그러므로 하나님에 대한 부정은, 만약 그것이 진지한 것이라면, 우리를 뒤흔들지 않을 것입니다. 오히려 삶을 진지하게 취급하는 모든 사람을 곤란하게 만드는 것은 무관심입니다. 왜냐하면 하나님의 이름을 들을 때, 또한 그와 동시에 자기의 삶의 의미가 의문시된다는 느낌을 받을 때 무덤덤한 사람은 자신의 참된 인성을 부정하는 셈이기 때문입니다.

신앙의 심연 안에서 일어나는 의심은 종종 숭고한 당혹감을 낳습니다. 그런 당혹감은 의식적이거나 무의식적인 정직함에 대한 표현일 수 있습니다. 때로 우리가 "하나님!"하고 부르기 원할 때 우리 안에 있는 무언가가 우리로 하여금 그렇게 말하지 못하도록 가로막는 것을 느껴본 적이 없습니까? 이런 머뭇거림의 순간은 하나님에 대한 깊은 느낌을 표현하는 것일지 모릅니다. 그것은 하나님의 이름의 능력에 관해 무언가를 말해 줍니다. 또한 그것은 그 이름을 사용하기를 머뭇거리는 사람에 관해 무언가를 말해 줍니다.

때로 우리는 혼자 있을 때 심지어 단어를 사용하지 않고서도 "하나님"이라고 부르기를 머뭇거립니다. 우리는 홀로 기도를 드릴 때처럼 은밀하게 그리고 심지어 목소리를 내지 않고서라도 하나님을 향해 말하기를 머뭇거립니다. 어쩌면 의심이 우리가 기도하는 것을 가로막을 수도 있습니다. 그 외에도 우리는 하나님과 우리 사이의 심연이 우리가 하나님의 이름을 사용하는 것을 불가능하게 만든다고 느낄 수도 있습니다. 우리는 감히 그분께 말을 걸지 못합니다. 왜냐하면 우리는 그분이 우리와는 멀리 심연의 저편에 계시다고 느끼기 때문입니다. 이것은 그분에 대한 심오한 긍정이 될 수 있습니다. 하나님의 이름을 사용하는 것에 대한 무언의 당혹감은 우리가 하나님의 신비를 해치는 것을 막아 줄 수 있습니다.

### 경외로 인한 당혹감

우리는 하나님의 이름과 관련해 재치로 인한 침묵과 정직함으로 인한 침묵에 관해 살펴보았습니다. 그러나 그 둘 모두 뒤에는 보다 근본적인 무언가가 놓여 있습니다. 그것은 바로 "경외"(awe)로 인한 침묵입니다. 이것은 하나님에 관해 말하는 것을 총체적으로 가로막는 듯 보입니다. 그러나 이 침묵이 하나님의 신비에 의해 요구되는 마지막 말일까요? 우리는 다른 무엇보다도 우리와 관련된 것 주변에, 즉 우리의 실존의 의미 주변에 침묵을 퍼뜨려야 하는 걸까요?

그 대답은 "아니요!"입니다. 왜냐하면 하나님께서 우리의 유한성 속으로 뚫고 들어오셔서 자신을 드러내셨을 때, 그분 자신이 우리에게 자신을 위한 이름들을 주셨기 때문입니다. 우리는 그 이름들을 사용할 수 있고 사용해야 합니다. 왜냐하면 침묵은 그것이 말하기의 다른 측면일 경우에만 힘을 지니며, 또한 그런 식으로 그것 자체가 일종의 말하기가 되기 때문입니다.

이런 필요성이야말로 우리가 하나님의 이름으로 함께 모일 때 우리를 정당화시켜 주는 요소이자, 또한 동시에 우리가 그것으로 인해 심판을 받는 요소가 됩니다. 우리가 하나님에 관해 말하는 곳에서 우리는 하나의 모임, 즉 교회가 됩니다. 교회는 거룩한 것의 신비가 경외감과 신성한 당혹감을 갖고 경험되어야 하는 곳입니다.

그러나 참으로 그것이 우리의 경험입니까? 공동 기도든 개인 기도든 우리의 기도는 하나님의 이름을 올바로 사용하고 있습니까, 아니면 잘못 사용하고 있습니까? 과연 우리는 교회 밖에 있는 많은 사람들이 느끼는 숭고한 당혹감을 느끼고 있습니까?

교역자들인 우리는 성례전 안에 계시는 하나님의 현존을 가리키면서 경외감에 사로잡힙니까? 혹은 거룩한 것에 대한 신학적 해석자들인 우리는 참으로 우리가 다른 이들에게 그것에 대해 설명할 수 있다고 확신합니까? 우리의 입에서 성경 구절이나 기계적인 기도문들이 빠르고 유창하게 쏟아져 나올 때, 과연 우리 안에 그럴 만큼 충분한 거룩한 당혹감이 존재합니까?

또한 우리가 자신이 하나님에 대한 진리를 갖고 있다고, 혹은 그분이 임재하시는 곳에 있다고, 혹은 그분의 권능의 집행자라고 주장할 때, 즉 우리가 그리스도를 소유하고 있다고 주장할 때, 우리는 거룩함 자체에 대해 합당할 만큼의 거리를 유지하고 있습니까? 온 세계의 주일 예배 안에는 얼마나 많은 당혹감과 얼마나 많은 경외감이 존재합니까?

### 침묵의 역설

이제 나는 교회를 향해 그리고 당신과 나를 포함해 교회의 모든 구성원들을 향해 한 가지 대담한 질문을 드리겠습니다. 하나님께서 때로 교회 안에서 자신의 이름이 오용되는 것을 심판하시기 위해 자신에 대한 침묵을 만들어내시는 것을 통해 자신을 계시하시는 것이 가능할까요? 때로 그분께서 자신의 이름을 보호하시기 위해 자신의 이름의 사용을 금지하시고, 이전 세대에는 아주 자연스러웠던 것, 즉 "하나님"이라는 단어의 사용을 어느 세대에게는 허락하지 않으시는 것이 가능할까요?

불신앙이 단지 인간의 저항에 의해서뿐 아니라, 하나님의 역설적 행위에 의해서, 즉 하나님의 이름으로 모여서 그분의 이름을 망령되이 칭하는 모임들을 심판하시기 위해 인간들과 그들을 몰아가는 힘들을 사용하시는 것에 의해서 발생하는 것이 가능할까요? 오늘날 우리가 모든 곳에서 경험하고 있는 하나님에 대한 세속의 침묵이 어쩌면 하나님의 교회들이 하나님에 관해 말할 때 그들을 거룩한 당혹감에로 몰아가시기 위한 하나님의 방식일 수 있을까요?

이런 질문들을 제기하는 것은 대담한 것일 수 있습니다. 물론 그런 질문들에 대한 대답은 있을 수 없습니다. 왜냐하면 우리는 하나님의 섭리의 성격을 알지 못하기 때문입니다. 그러나 대답이 존재하지 않을지라도, 그런 질문들 자체는 오늘날 하나님의 이름을 너무 쉽게 사용하고 있는 교회 안에 있는 모든 이들에게 경고가 될 수 있을 것입니다.

개인적인 동시에 그 이상인 몇 마디 말로써 이 설교를 마무리하고자 합니다. 이 설교를 준비하는 동안 나는 이것이 하나님의 이름에 대한 설교일뿐 아니라, 또한 하나님 자신에 대한 설교가 되도록 애썼습니다. 그런 시도는 내가 해석하려고 했던 바로 그 계명(십계명의 제3계명 - 역주)의 심판을 초래합니다. 왜냐하면 그것은 하나님의 이름을 망령되이 일컫는 세련된 방식이었기 때문입니다. 우리는 하나님께서 우리에게 자신을 드러내시기 위해 알려 주신 이름들에 대해서만 말할 수 있을 뿐입니다. 왜냐하면 그분은 "가까이 가지 못할 빛에 거하시고 어떤 사람도 보지 못하였고 또 볼 수 없는 이"(딤전 6:16)이시기 때문입니다.

# 9

# 인간을 찾으시는 하나님

<sup>56</sup>이에 제자들이 다 예수를 버리고 도망하니라

마태복음 26:56

**어느날 저녁에** 바흐(Bach)의 「마태 수난곡」(Passion according to St. Matthew)을 듣다가 나는 "이에 제자들이 다 예수를 버리고 도망하니라"라는 구절과 그 멜로디에 충격을 받았습니다. 그것은 예수께서 십자가 위에서 하셨던 "나의 하나님, 나의 하나님, 어찌하여 나를 버리셨나이까"(마 27:46) 라는 말씀을 예기하는 것이었습니다.

**제자들의 실패**

모든 사람들에게 버림받으신 그분은 자신이 하나님께도 버림받았다고 느끼셨습니다. 그리고 참으로 모든 사람들이 그분을 버렸습니다. 그리고 그분과 가장 가까웠던 사람들이 그분으로부터 가장 멀리 도망쳤습니다. 대개 우리는 이런 사실을 인식하지 못합니다. 우리는 예수님의 십자가 처형을 그분의 어머니와 다른 여인들 곁에 적어도 한 명의 제자가 서 있는 아름다운 그림들의 견지에서 상상하곤 합니다. 그러나 현실은 아주 달랐습니다. 제자들 모두가 도망쳤습니다. 그리고 여인들 몇이 멀리서 겨우 그 모습을 지켜보았습니다. 예수님의 삶과 사역이 부서지던 순간에 그의 곁에는 상상조차 할 수 없는 고독만이 남아 있었습니다.

우리가 이런 제자들에 대해 어떤 생각을 할 수 있을까요? 우리의 첫 번째 반응은 아마도 다음과 같은 질문이 될 것입니다. "도대체 그들은 자기들이 메시아, 그리스도, 새 시대를 가져 오신 분이라고 불렀던, 또한 자기들이 모든 것을 버리고 따랐던 바로 그분을 어떻게 버릴 수 있었을까?" 그러나 이번에 나는 「마태수난곡」의 가사와 멜로디를 듣고서 그 제자들을 존경하게 되었습니다. 왜냐하면 우리가 우리의 본문의 말씀("이에 제자들이 다 예수를 버리고 도망하니라" – 역주)을 얻게 된 것은 바로 그들 덕분이기 때문입니다. 그들은 자기들이 도망쳤던 사실을 숨기지 않았습니다. 그들은 그 사실을 명확한 문장으로 솔직하게 진술했습니다. 그것은 그들 모두를 영원토록 정죄하는 진술이었습니다.

복음서의 이야기들은 제자들에 대한 여러 가지 비난을 포함하고 있습니다. 우리는 제자들이 예수님을 그분의 어머니와 형제들이 그랬던 것처럼 계속해서 오해했으며, 그들의 오해가 그분의 고통을 나날이 심화시켰다는 것에 대해 읽습니다. 우리는 그들 중 가장 중요한 인물들 몇이 임박한 나라에서 특별한 영광과 권력의 자리를 갖게 해달라고 요구했다는 것에 대해 읽습니다. 우리는 예수님에 대한 그들의 열정이 지나쳐 그분을 따르지 않았던 이들에 대해 포악해진 것으로 인해 예수님이 그들을 질책하셨던 것에 대해 읽습니다. 또한 우리는 베드로가 예수님이 예루살렘으로 올라가 죽으시려는 것을 만류한 것으로 인해 예수님이 그를 향해 "사탄"이라고 말씀하셨던 것과, 베드로가 시련의 순간에 자신이 그분의 제자임을 부인했던 것에 대해 읽습니다.

이런 보고들은 놀랍습니다. 그것들은 예수님이 제자들에게 무엇을 가르치셨는지를 알려 줍니다. 그분은 그들에게 비난을 받아들이고, 자기들을 좋게 보이려고 하지 말라고 가르치셨습니다. 그들은 그런 비난을 받아들이지 않고서는 그분의 제자가 될 수 없었을 것입니다. 그리고 만약 제자들이 그들 자신의 중대한 약점과 관련된 진실을 억눌렀다면, 우리의 복음서들은 현재의 모습이 되지 못했을 것입니다. 그리스도의 영광과 그분의 제자들의 비루한 모습은 그렇게 분명하게 드러나지 않았을 것입니다.

그러나 바로 그 기록 안에서조차 자신의 추악함을 덮어버리고자 하는 인간의 갈망이 감지됩니다. 훗날의 전통들은 복음서들의 원래의 서술이 갖고 있던 거칠고 상처가 될 수 있는 측면들을 완화시키고자 했습니다. 분명히 모든 제자들이 도망쳤고 그들 중 아무도 주님의 십자가 처형과 죽음을 목도하지 않았다는 사실은 기성 교회들로서는 견디기 어려웠을 것입니다. 그들은 자기들이 갈릴리처럼 먼 곳으로 도망친 후에야 비로소 자기들이 고뇌와 절망의 순간에 버리고 도망쳤던 분과 다시 만났다는 사실을 받아들일 수가 없었습니다.

그래서 성경에는 예수님 자신이 그들에게 갈릴리로 가라고 말씀하신 것으로 기록되어 있습니다(마 28:10 참고). 그들이 갈릴리로 도망친 것은 실제로는 도망이 아니었다는 것입니다.

그리고 보다 나중에 그들은 갈릴리로 도망쳤던 것이 아니라 예루살렘에 남아 있었다고 기록되고 있습니다(행 1:4 참고). 초기부터 교회는 자신에 대한, 자신의 과거와 현재 모습에 대한 이런 비난을 견딜 수 없었습니다. 교회는 제자들이 공개적으로 인정했던 것, 즉 우리 모두가 그분을 버리고 도망쳤다는 사실을 덮으려 했습니다. 그러나 이것은 오늘날 예수님을 따르는 자들을 포함해 모든 인간에게 해당되는 진리입니다.

### 하나님으로부터의 도피

하나님으로부터의 도피는 우리가 그분의 현존을 느끼는 순간부터 시작됩니다. 이런 느낌은 어둠 속에서, 즉 우리의 존재의 반의식적인(half-conscious) 영역에서, 또한 무언가를 묻고 추구하는 어린아이와, 의심하고 절망하는 청소년들과, 갈망하고 투쟁하는 어른들의 안절부절못함 속에서 비록 인식되지는 않으나 실제적으로 활동합니다. 그때 하나님은 현존하시지만, "하나님으로서"(as God) 현존하시지 않습니다. 그분은 우리를 분주하게 만드는 우리 안에 있는 "미지의 힘"(the unknown force)으로서 현존하십니다.

그러나 어느 경우에 그분은 우리에게 하나님으로서 나타나십니다. 그때 우리를 안절부절못하게 만드는 우리 안에 있는

미지의 힘은 우리를 장악하고 계신, 또한 우리의 궁극적 위협이자 우리의 궁극적 피난처가 되시는 하나님으로 밝혀집니다. 그 순간에 우리는 비밀리에 도망치다가 붙들린 것처럼 보입니다. 그러나 그것은 야만적인 힘에 의한 붙들림이 아니라, 의문의 성격을 갖는 붙들림입니다.

제자들에게 일어났던 일이 바로 그것입니다. 그들은 예수님이 처음으로 그들을 부르셨을 때 그분에게 강력하게 붙들렸습니다. 그러나 그들은 다시 도망칠 수 있는 자유로운 상태로 남아 있었습니다. 그리고 시련의 시간이 다가왔을 때 그들은 그렇게 했습니다.

이것은 교회와 그 모든 구성원들도 마찬가지입니다. 그들은 은밀하게 도망치다가 붙들려서 다시 하나님의 현존을 인식하게 됩니다. 그러나 그들은 다시 도망칠 수 있는 자유로운 상태로 남아 있습니다. 그들은 개인으로뿐 아니라 교회의 담지자(擔持者)로서 교회를 갈릴리로 도망치게 하고, 가능한 한 그것을 영원한 것이 일시적인 것 속으로 뚫고 들어오는 지점으로부터 멀리 떼어놓습니다. 인간은 우리가 하나님의 현존에 사로잡히는 곳이라고 여기는 교회에서조차 하나님으로부터 도망칩니다. 그곳에서조차 우리는 그분으로부터 도망치고 있습니다.

### 일 속으로의 도피

만약 궁극적인 것이 인간의 삶 속으로 뚫고 들어온다면, 인간은 우선은 그것을 피해 숨으려고 합니다. 그는 절대적인 진지함을 갖고서 자기를 내리치는 것의 공격을 피해 안전한 곳을 향해 달아납니다. 그리고 달아나던 제자들에게 갈릴리가 그랬던 것처럼 우리의 눈에 안전하게 보이는 많은 것들이 존재합니다.

아마도 우리 시대에 하나님의 위협적인 현존을 피해 달아날 가장 효과적인 피신처는 우리가 수행하는 "일"(work)일 것입니다. 사정이 늘 그랬던 것은 아닙니다. 일에 대한 고대인들의 태도는 하나님께서 아담에게 선포하셨던 저주("너는 네 평생에 수고하여야 그 소산을 먹으리라"[창 3:17])와 시편 90편에 나오는 우리의 인생의 짧음에 대한 말씀("우리의 연수가 칠십이요 강건하면 팔십이라도 그 연수의 자랑은 수고와 슬픔뿐이요"[시 90:10])을 통해 잘 요약됩니다.

훗날 이런 수고와 고역을 지닌 육체적 노동은 노예와 농노 혹은 교육받지 못한 계급의 사람들에게 남겨졌습니다. 그리고 그것은 여가(餘暇)에 기초한, 또한 그렇기에 소수의 특권이 되어버린 창의적인 일과 구별되었습니다. 중세 기독교는 일을 훈련으로, 특히 수도원 생활에서의 훈련으로 여겼습니다.

그러나 우리 시대에 와서 일은 모든 인간을 지배하는 운명이 되었습니다. 비록 실제로는 아닐지라도, 적어도 필요에 의해서는 그렇게 되었습니다. 그것은 모든 것입니다. 그것은 훈련이자 생산이자 창조입니다. 노역과 일의 차이는 사라졌습니다. 성경적 관점에서 일은 곧 저주라는 사실은 잊혔습니다. 오히려 일은 종교 자체, 즉 현대 산업사회의 종교가 되었습니다. 그리고 그것은 우리 모두를 장악하고 있습니다. 비록 오늘날 우리가 일하지 않음으로 인한 굶주림이라는 징벌로부터 도망칠 수는 있을지라도, 우리 안에 있는 무언가는 우리가 일의 굴레로부터 도망치는 것을 허락하지 않습니다. 우리들 대부분에게 일은 필요인 동시에 욕망입니다. 그리고 그런 것으로서의 일은 인간이 하나님으로부터 도망치기 위해 선호하는 방법이 되었습니다.

그리고 그것 이상으로 안전한 것은 달리 없어 보입니다. 그것으로부터 우리는 우리의 의무를 이행했다는 만족감을 얻습니다. 우리는 다른 이들과 우리 자신으로부터 "잘했어!"라는 칭찬을 받습니다. 우리는 일을 통해 가족을 부양하고 그 구성원들을 돌봅니다. 매일 우리는 일을 통해서 여가와 지루함과 무질서의 위험들을 극복합니다. 우리는 일을 함으로써 떳떳한 마음을 얻습니다. 그리고 어느 냉소적인 철학자가 말했듯이, 일이 끝난 후에야 달콤한 잠을 얻습니다. 그리고 만약 우리가 창의적이라고 불리는 종류의 일을 한다면, 우리는 보다 높은 만족감을 얻습니다. 즉 우리는 존재 안으로 새로운 무언가를 가져오는 즐거움을 얻습니다.

만약 누군가 이것은 자신이 하나님으로부터 도망치는 방식이 아니라고 항변한다면, 우리는 그에게 다음과 같이 물어야 할 것입니다. "당신은 때로 당신의 전 존재의 대차대조표를 작성한 후 대변(貸邊)의 숫자가 많은 것을 발견하고서 차변(借邊)에 당신이 한 일을 적어 넣음으로써 균형을 맞췄던 적이 없는가?" 오늘날의 바리새인들은 하나님 앞에서 자신들의 율법에 대한 순종 그리고 고역과 훈련 같은 종교적 수행 대신, 자신들의 성공적인 삶에 대해 자랑하려 합니다. 또한 그들은 자신들이 만만하게 여길 수 있는 죄인들을 발견하려 합니다.

**풍요로운 삶으로의 도피**

하나님으로부터 도망치는 또 다른 방법이 있습니다. 그 방법은 우리를 풍요로운 삶으로 이끌어 주겠노라고 약속하는데, 그것은 어느 정도는 사실입니다. 그것이 반드시 예수님의 비유에 나오는 탕자의 방식과 일치하는 것은 아닙니다. 그것은 날카로운 정신과 창조의 위대성과 아름다움을 향한 사랑이라는 추동력(推動力)으로 인해 우리에게 허락되는 풍성한 삶에 대한 수용이 될 수 있습니다.

삶에 대한 그런 갈망이 늘 우리로 하여금 위대성 안에 있는 비극, 빛 안에 있는 어둠, 쾌락 안에 있는 고통, 그리고 아름다움 안에 있는 추함에 대해 눈을 감게 하는 것은 아닙니다. 더 많은 남자와 여자들이 풍요로운 삶을 경험하기를 바랄 것입니다. 그러나 이것 역시 하나님으로부터 도망치기 위한 하나의 방법이 될 수 있습니다. 삶의 황홀경 속에서 풍요로운 삶의 한계들은 잊힙니다.

지금 나는 좋은 시간을 갖기 위한 얄팍한 방법이나 재미와 여흥에 대한 갈망에 대해 말하는 게 아닙니다. 대개의 경우 그것은 노역과 일을 핑계 삼아 하나님으로부터 도망치는 것의 다른 측면으로, 흔히 "오락"(recreation)이라고 불립니다. 그것은 더 효과적으로 일하기 위한 수단으로 간주되며 누구에게나 정당화됩니다.

오히려 지금 나는 하나이자 동일한 경험 안에서 가장 높고 가장 낮은 삶에 대한 참여를 포함하는 "삶의 황홀경"(the ecstasy of living)에 대해 말하고 있는 것입니다. 그런 참여에는 용기와 열정이 요구됩니다. 그러나 그것 역시 하나님으로부터 도망치는 것이 될 수 있습니다. 그리고 우리는 그가 누구이든 이런 식으로 사는 사람을 도덕적으로 비난해서는 안 됩니다. 오히려 우리는 그의 분주함과 하나님과의 만남에 대한 그의 두려움을 인식해야 합니다. 일이라는 사슬에 묶여 있는 사람은 자신이 이런 이들보다 더 우월하다고 자랑해서는 안 됩니다. 그러나 이런 이들 역시 일의 사슬에 묶여 있는 사람들을 향해 자랑해서도 안 됩니다.

### 절망으로의 도피

우리 시대에는 그 두 가지 방법 모두의 한계를 경험한 사람들이 많이 있습니다. 그들에게 성공적인 일은 풍요로운 삶을 사는 것만큼이나 무의미한 것이 되었습니다. 지금 나는 회의주의자들과 냉소주의자들, 근심과 절망에 빠진 자들, 한동안 하나님으로부터 도망치는 일을 그만 두었다가 새로운 형태로, 즉 의식적으로 하나님에 대해 의문을 제기하거나 하나님을 부정하는 형식으로 다시 그 일을 계속하고 있는 사람들에 대해 말하고 있는 것입니다.

우리 시대에 그들의 태도는 문학과 예술에 의해 강렬하게 묘사되고 분석됩니다. 그리고 얼마간 그들은 정당화됩니다. 만약 그들이 진지한 회의주의자들이라면, 그들의 진지함과 그것에 따르는 고통이 그들을 정당화해 줍니다. 만약 그들이 절망 중에 있다면, 그들의 지독한 절망이 그들을 우리가 그것을 통해 우리 자신의 상황을 보다 잘 이해할 수 있는 상징으로 만들어 줍니다.

그러나 그들 역시 하나님으로부터 도망치고 있습니다. 하나님께서 그들을 치셨음에도, 그들은 그분을 인정하지 않습니다. 그들이 생각과 태도를 통해 그분을 부정하려고 하는 것은 그들이 한동안 그들의 도망침 안에 사로잡혀 있었음을 보여 줍니다. 만약 그들이 자신들의 성공적인 일이나 풍요로운 삶에 만족한다면, 그들은 "존재를 비난하는 자들"(accusers of being)이 되지 않았을 것입니다. 그러나 그들은 모든 존재에 존재를 제공하는 능력으로부터 도망치기 때문에 존재를 비난합니다.

### 십자가로의 도피

이런 말은 하나님으로부터 도망치고 있는 사람들 중 마지막 그룹에 속한 자들에게는 해당되지 않습니다. 그들은 제자들처럼 십자가로부터 도망치지 않습니다. 오히려 그들은 십자가를 향해 도망칩니다. 그들은 그것을 바라보고 그것에 대해 증언합니다. 그들은 그것에 의해 교화됩니다. 그들은 제자들보다 훌륭합니다!

그러나 그들이 실제로 그런 것일까요? 만약 십자가가 우리의 종교적 유산이나 조상 및 교단의 전통에 속한 하나의 교의(敎義)가 된다면, 그것이 과연 그리스도의 십자가―그것은 영원한 것이 일시적인 것 속으로 뚫고 들어오는 결정적인 지점입니다―로 남아 있는 것일까요? 어쩌면 우리가 십자가에 가까이 다가가게 하는 것은 조상의 전통이 아닐 수도 있습니다. 아마도 그것은 어떤 갑작스러운 감정적 경험, 즉 우리로 하여금 처음으로 십자가를 대면하게 만든 어느 강력한 설교자나 전도자의 영향으로 인한 회심일 수 있습니다! 그때조차, 즉 우리의 감정이 최고조에 이르렀을 때조차 우리는 자신에게 다음과 같이 물어야 합니다. "우리가 십자가를 향해 절하는 것은 십자가로부터 도망치는 가장 안전한 형태가 아닐까?"

### 하나님께 붙들림

그러나 우리가 하나님으로부터 어떤 방법으로 도망치든 우리는 그분께 붙들릴 수 있습니다. 그리고 그런 일이 벌어지면,

우리의 삶의 일상적인 과정 속으로 무언가가 뚫고 들어옵니다. 그것은 힘들지만 또한 굉장한 경험입니다! 우리는 일 밖으로 내던져질 수 있고, 우리의 삶의 의미가 사라졌다고 생각하게 될 수도 있습니다. 우리는 그동안 풍요로운 삶으로 보였던 것에서 갑자기 공허를 느낄 수도 있습니다. 우리는 우리의 냉소가 진지한 절망이 아니라 숨겨진 오만함이었음을 깨닫게 될 수도 있습니다. 우리는 우리가 경건한 행위의 한 가운데서 하나님을 우리의 종교적 감정과 바꿨음을 깨닫게 될 수도 있습니다.

이 모든 것은 칼로 상처를 입는 것만큼이나 고통스럽습니다. 그러나 그것은 또한 위대한 일입니다. 왜냐하면 그것이 우리 안에서 삶의 새로운 차원을 열어 주기 때문입니다. 하나님께서 우리를 붙드시고 새로운 무언가가 우리를 장악합니다.

우리 안에서 나타나는 이 새로운 현실은 낡은 현실을 제거하지는 않으나 그것에 새로운 차원을 제공함으로써 그것을 변화시킵니다. 우리는 여전히 일을 하고, 그 일은 고되고 근심으로 가득 차 있으며, 예전처럼 우리의 삶의 대부분을 차지합니다! 그러나 그것은 우리에게 삶의 의미를 제공해 주지 않습니다. 우리는 일할 능력과 기회를 빼앗길지도 모릅니다. 그러나 우리는 삶의 의미를 빼앗기지는 않습니다. 우리는 일이 우리에게 삶의 의미를 제공할 수도 없고 우리에게서 그것을 빼앗아갈 수도 없다는 것을 깨닫습니다. 왜냐하면 일의 의미 자체가 무언가 다른 것이 되었기 때문입니다.

우리는 일을 통해 삶 속에 숨어 있는 무한한 가능성들이 현실화되도록 도울 수 있습니다. 우리는 가장 작은 형태와 가장 큰 형태의 일을 통해 삶의 창조적인 능력들과 협력합니다. 일하는 자들인 우리를 통해 삶의 고갈되지 않는 심연에 속한 무언가가 드러납니다. 만약 우리가 하나님께 사로잡힌다면, 우리는 적어도 삶의 어떤 순간에 그런 것을 느끼게 될 것입니다. 일은 그것 너머를 가리킵니다. 그리고 그렇기 때문에 그것은 복된 것이 되고, 우리는 그것을 통해 복을 얻습니다. 왜냐하면 복됨이란 우리의 존재의 궁극적 차원에서의 성취를 의미하기 때문입니다.

그리고 만약 누군가가 풍요로운 삶의 심각한 공허를 경험함으로써 하나님께 붙들릴지라도, 그에게서 풍요 그 자체가 사라지지는 않습니다. 그것은 여전히 그에게 황홀함과 기쁨이라는 멋진 순간들을 제공할 수 있습니다. 하지만 그것은 그에게 삶의 의미를 제공해 주지 않습니다. 삶의 황홀경을 경험하기 위한 외적 기회나 내적 준비는 사라질지 모르나 그의 삶의 의미는 사라지지 않습니다.

그는 풍요가 그것을 제공해 줄 수 없고 결핍이 그것을 빼앗아갈 수도 없다는 것을 알게 됩니다. 왜냐하면 하나님께 사로잡힌 자에게 삶의 풍요는 새로운 그 무엇이 되기 때문입니다. 그것은 삶이 분리시키는 것을 재결합시키고, 주었다가 가져가고, 우리를 우리 자신 위로 높이고, 우리가 유한하며 모든 것을 받아야 한다는 것을 보여 주면서, 우리로 하여금 삶을 사랑하게 하고 영원한 근거에 속한 모든 것을 꿰뚫어 보게 하는 창조적인 사랑의 드러남이 됩니다.

그리고 만약 누군가 하나님께 붙들려 자신의 의심과 절망이 진지하지 않았음을 의식할지라도, 그의 의심이 사라지거나 그의 절망이 위협적인 것이 되기를 그치거나 하지는 않습니다. 그러나 이제 그의 의심이 꼭 절망으로 이어질 필요는 없습니다. 그것은 그에게서 삶의 의미를 빼앗아가지 않습니다. 의심은 그가 냉소적인 오만함 속에서 은밀하게 믿었던 것처럼 그에게 삶의 의미를 제공해 주지 못합니다. 또한 의심은 그가 절망 속에서 느꼈던 것처럼 그에게서 삶의 의미를 빼앗아가지도 못합니다. 왜냐하면 하나님께 붙들린 자에게 의심은 다른 무언가가 되기 때문입니다.

이제 의심은 그의 존재와 모든 존재의 심연을 꿰뚫는 수단이 됩니다. 의심은 지적 유희나 탐구를 위한 수단이 되기를 그칩니다. 의심은 우리의 삶의 토대가 되고 있는 모든 검증되지 않은 가정(假定)들을 용감하게 잘라냅니다. 그것들은 하나씩 차례로 부서집니다. 우리는 우리의 삶의 근거 부근으로 더 깊이 들어갑니다. 그리고 그때 자신과 자신의 세계에 대한 진지한 의심 속에서 살아가는 이들은 그들을 사로잡고 있는 궁극적인 것에로 이어지는 차원을 발견하게 됩니다. 그리고 자신들의 진지한 의심 속에 진리가 숨어 있었음을 깨닫게 됩니다.

만약 누군가 하나님께 붙들려 자신의 종교 생활의 모호한 성격을 인식하게 될지라도, 그에게서 종교가 사라지지는 않습니다. 그러나 이제 그는 그것조차 자신에게 삶의 의미를 제공해 줄 수 없다는 것을 깨닫습니다. 그는 종교는 잃어버릴지 모르나 삶의 의미를 잃지는 않습니다. 하나님께 사로잡힌 자는 누구나 종교와 비종교를 넘어섭니다. 그리고 설령 그가 자신의 종교에 집착한다고 할지라도, 그 종교는 그에게 무언가 다른 것이 됩니다. 그것은 율법이 아니라 통로, 즉 궁극적인 것의 현존이 그를 사로잡는 또 다른 – 유일한 것은 아닙니다 – 방법이 됩니다. 그는 종교로부터 자유를(from religion) 얻었기 때문에, 또한 종교를 위한(for religion) 자유를 얻습니다. 그는 그 안에서 복을 얻고, 그것 밖에서도 복을 얻습니다. 그는 존재의 궁극적 차원에 대해 열려 있게 된 것입니다.

그러므로, 도망치지 마십시오! 하나님께 붙들려 복을 얻으십시오!

# 10

# 구원

¹³다만 악에서 구하시옵소서

마태복음 6:13b

**주기도문의 마지막 탄원은** 다음과 같이 알려져 있습니다. "다만 악에서 구하시옵소서"(Deliver us from evil). 이것이 잘못된 것은 아닙니다. 그러나 그것은 "우리를 악한 자에게서 구원해 주십시오"(Save us from the evil one)라는 원래의 문장(어떤 사본들을 그렇게 쓰고 있고, 틸리히는 이런 표현이 원문에 더 가깝다고 보고 있다 - 역주)의 깊이에 이르지 못합니다. 그 문장에 대해, 그리고 무엇보다도 "구원하다"(save)라는 단어에 관해 묵상해 봅시다.

기독교는 "구원의 종교"(a religion of salvation)라고 불려 왔는데 그것은 타당한 것입니다. 또한 "그리스도"는 구원을 가져오시는 분, 즉 "구주"(Saviour)를 지칭하는 다른 단어입니다. 구원, 구원함, 그리고 구주는 구약과 신약 성경 모두에서 여러 번 사용되는 단어이고, 또한 교회 안에서, 위대한 신학자들의 작품들에서, 기독교 시인들의 찬송시에서, 전례(典禮)와 설교에서, 교회의 엄숙한 신앙고백들에서, 요리문답에서, 그리고 가장 중요하게는 개인 기도에서 수도 없이 사용되는 단어들입니다. 이 단어들은 다른 그 어떤 단어들보다도 기독교 사상과 생활 속에 깊이 들어와 있습니다. 그렇다면 우리가 이 짧은 설교에서 그것들에 관해 말하는 것이 어떻게 가능할까요?

아마도 그것은 불가능할 것입니다! 그러나 그렇다고 할지라도, 나는 아주 진지하게 그렇게 하는 것이 필요하다고 말하고 싶습니다. 왜냐하면 오늘날 종교에서 자주 사용되는 그 단어들은 또한 그것들의 참된 의미가 거의 완전하게 상실되어 인간의 정신에 대한 그것들의 영향력이 미미해진 단어들이기 때문입니다. 그런 단어들은 가능하다면 다시 태어나야 합니다.

그리고 만약 그것이 불가능하다면 폐기되어야 합니다. 설령 그것들이 오랜 전통에 의해 보호되고 있을지라도 말입니다.

### 구원의 의미

그러나 그 단어들의 원래의 의미와 능력을 재정립하기 위한 유일한 방법이 있습니다. 그것은 바로 그것들이 우리에게 무한히 중요한 무언가를 소통시킬 수 있는지에 대해 질문하는 것입니다. 이것은 우리의 종교 언어에서 중요한 용어들 모두에 해당됩니다. 가령 하나님, 그리스도, 성령, 교회, 죄, 용서, 신앙, 사랑, 소망, 영생, 그리고 하나님의 나라 같은 용어들 모두에 말입니다.

그런 단어들 각각에 관해 우리는 그것이 우리의 존재의 심연을 건드리는지에 대해 물어야 합니다. 만약 어떤 단어가 우리 시대에 궁극적 의미를 지닌 것들에 관해 진지한 관심을 갖고 있는 이들 대부분에게 그런 능력을 상실했다면, 그것은 다시는, 혹은 적어도 그것이 그 원래의 능력을 다시 찾지 않는 한, 사용되어서는 안 됩니다.

아마도 구원, 구원함, 그리고 구주 같은 단어들 자체가 구원 받는 것(to be saved)은 여전히 가능할 것입니다. 그런 단어들의 원래의 의미는 심원합니다. 그러나 지금 그 심원한 의미는 오랜 세월의 먼지에 덮였고, 기계적인 반복으로 인해 메마른 것이 되고 말았습니다. 그러므로 우리는 우리가 할 수 있는 일을 해봅시다. 즉 이 시간에 "구원"을 우리의 묵상의 주제로 삼아봅시다.

주기도문의 일곱 번째 탄원에 대한 두 가지 번역은 구원의 본질에 관해 서로 다른 두 가지 이미지를 사용합니다. 하나는 "구원함"(saving)이고, 다른 하나는 "구해냄"(delivering)입니다. "구원"(salvation)이라는 말은 salvus라는 라틴어에서 온 말이며, 그것의 의미는 "치유하다"와 "온전하게 하다"입니다. "구주"(savior)는 병들고 분열된 것을 고치고 온전하게 만듭니다. 그리스 신화에서 의술의 신 아스클레피오스(Asclepius)는 "구주"라고 불렸습니다. 예수님은 자신을 건강한 자가 아니라 병든 자를 고치러 오신 의사라고 부르셨습니다(마 9:12).

그러나 구원함은 또한 구해냄, 해방, 자유케 함 등을 의미합니다. 이것은 또 다른 이미지입니다. 우리는 무언가에 묶여 있습니다. 우리를 노예 상태에 묶어 두는 자는 "악한 자"(the evil one)이며, 그것은 세상 안에 존재하는 왜곡시키고 파괴하는 능력들에 대한 상징입니다. 그러므로 구주는 악한 자와 그의 능력에 대한 정복자입니다. 이런 이미지를 바울보다 더 인상적으로 사용한 사람은 없습니다. 그는 로마서 8장에 실려 있는 위대한 승리의 송가에서 이 세상을 지배하고 있는 악마적 힘들 중 아무것도 우리를 하나님의 사랑에서 끊을 수 없다고 말했습니다(롬 8:35-39).

구원함은 질병으로부터의 치유이고 노예상태로부터의 구해냄입니다. 그리고 그 둘은 하나입니다. 그 둘의 일치를 보여주는 한 가지 예를 생각해 봅시다. 가령 우리는 병에 걸려서 자신의 삶과 대면하지 못하는 신경증이나 정신병을 앓고 있는 사람을 떠올릴 수 있습니다. 그러나 만약 우리가 그의 질병을 묘사하고자 한다면, 우리는 그가 스스로 빠져나올 수 없는 어떤 강박적인 힘에 사로잡혀 있음을 알 수 있습니다. 그는 신약 성경이 묘사하는 것처럼 마귀에 사로잡혀 있습니다. 그 안에서 질병과 노예상태는 하나입니다. 그리고 우리는 "이것은 어느 정도 우리 모두에게 해당되는 것 아닌가?" 하고 묻습니다. 또한 그런 의미에서 우리는 "우리에게도 치유가, 또한 그런 의미에서 해방이 필요하지 않은가?" 하고 묻습니다. 이럴 경우에 구원은 우리에게 무엇을 의미할까요?

그것이 사람들이 흔히 상상력을 발휘해 대답해 왔던 것,

즉 지옥으로부터의 도피나 소위 내세(來世)라고 잘못 불리고 있는 천국으로 받아들여지는 것을 의미하지 않는 것은 분명합니다. 신약 성경은 (내세가 아니라- 역주) "영생"(永生)에 관해 말하는데, 그것은 죽음 이후에도 계속되는 삶을 의미하지 않습니다. 영생은 과거와 현재와 미래 너머에 있습니다. 우리는 그것으로부터 오고, 그것의 현존 안에서 살며, 그것으로 되돌아갑니다. 영생은 부재하는 적이 없습니다. 그것은 우리가 그 안에 뿌리를 내리고 있는, 또한 우리가 그 안에서 자유에 참여하도록 운명지워진 하나님의 삶입니다. 왜냐하면 오직 하나님만이 영원을 갖고 계시기 때문입니다.

인간은 불멸하는 영혼을 자신의 소유물로 갖고 있다고 자랑해서는 안 됩니다. 왜냐하면 디모데전서의 말씀처럼 "오직 그[하나님- 역주]에게만 죽지 아니함이 있기 때문입니다"(딤전 6:16). 우리는 모든 피조물들처럼 죽을 수밖에 없습니다. 우리는 우리의 전 존재-육체와 영혼-와 더불어 죽을 수밖에 없습니다. 그러나 또한 우리는 우리가 세상에서 살기 전에(before), 우리가 시간 안에서 살아가는 동안에(while), 그리고 우리의 때가 끝난 후에(after) 영원한 삶 속에 있습니다.

지금 여기에서, 시간 안에서, 그리고 시간을 초월해서 하나님의 삶 안에 있는 자유에 참여하는 것이 우리의 운명이라면, "악한 자"(the evil one)는 우리가 그로부터 구출되기를 바라며 기도하는 자일 수 있습니다. 그는 우리가 인간으로서 우리의 운명을 성취하는 것을 방해하면서 우리를 노예로 만드는 힘입니다. 그는 우리가 속해 있는 영생으로부터 우리를 분리시키는 벽입니다. 또한 그는 그런 분리로 인해 발생하는 우리의 존재와 우리의 세계의 질병입니다.

### 치유자로서의 구주

우리를 노예로 만드는 그 힘이 정복될 때마다, 그 장벽이 허물어질 때마다, 그 질병이 치유될 때마다 "구원"이 일어납니다. 그런 일을 할 수 있는 이는 "구주"라고 불립니다. 하나님 외에는 그 누구도 그런 일을 할 수 없습니다. 사슬에 묶여 있는 자들은 자신들을 해방시킬 수 없습니다. 병든 자들은 자신들을 치유할 수 없습니다.

해방시키고 치유하는 모든 능력은 우리를 영생과 분리시키는 벽 저 너머에서 옵니다. 그런 일이 일어날 때마다, 우리의 일시적이고 죽을 수밖에 없는 실존 안에서 영원하고 신적인 삶이 나타납니다. 모든 해방자들과 모든 치유자들은 하나님께로부터 보냄을 받은 자들입니다. 그들은 그들에게 주어진 영원의 힘을 통해 해방시키고 치유합니다.

이런 치유자들은 누구입니까? 이런 구주들은 어디에 있습니까? 첫 번째 대답은 "그들은 여기에 있다, 그들은 당신이다"입니다. 당신들 각자는 당신이 그에게 성직자 노릇을 하고 있는 누군가에 대해 해방시키고 치유하는 능력을 갖고 있습니다. 우리 모두는 서로에게 성직자가 되도록 부르심을 받고 있습니다. 그리고 만약 우리가 성직자라면, 우리는 또한 의사입니다. 그리고 만약 우리가 의사라면, 우리는 또한 상담가입니다. 그리고 만약 우리가 상담가라면, 우리는 또한 해방자입니다.

구원하는 은혜에는 여러 단계와 종류가 있습니다. 악한 자가 강력하게 노예화시킨 까닭에 그들을 통해 작동할 수도 있었을 구원의 능력을 거의 상실한 많은 사람들이 있습니다. 다른 한편, 그들 안에서 수많은 사람들이 세대를 이어가면서 지속적으로 해방시키고 치유하는 힘을 경험하고 있는 위대한 인물들이 존재합니다. 우리들 대부분은 그 중간 어디쯤엔가에 있습니다.

그리고 한 분의 구주가 계신데, 우리는 그분 안에서 다함이 없는 구원의 은혜와, 마귀의 능력에 대한 결정적인 승리와, 우리를 영원과 분리시키는 죄책이라는 벽의 붕괴와, 인간과 그의 세상 안에 존재하는 새로운 현실에 빛을 비추는 치유자를 발견할 수 있습니다.

그러나 비록 우리가 그분을 구주라고 부를지라도, 우리는 하나님이야말로 그분을 통해 일하시는 구주시라는 것과, 우리 자신을 포함해 그들을 통해 하나님의 구원이 온 인류 안에서 역사하는 무수히 많은 해방자와 치유자들이 존재한다는 것을 기억해야 합니다. 하나님은 세상을 어느 특정한 장소와 시간 안에 구원자 없이, 즉 치유하는 능력 없이 남겨 두시는 법이 없습니다.

**구원과 치유**

그러나 지금 나는 앞에서 제기했던 질문을 반복하지 않을 수 없습니다. "이 모든 것은 우리 자신의 삶에 대해 어떤 의미가 있는가? 우리는 언제 그리고 어디에서 그런 구원의 능력을 경험하는가? 우리는 언제 어디에서 해방되고 치유되는가?" 우리가 예수님에 대한 성경의 이야기들과 관련해 기억해야 할 것들 중 하나는 그 이야기들 중 상당 부분이 치유에 대한 이야기라는 점입니다. 세 종류의 치유 이야기가 있습니다.

첫째는 육체에 병이 든 사람이 즉시 치유 받는 이야기입니다. 둘째는 육체에 병이 든 사람이 용서를 받은 후 치유되는 이야기입니다. 셋째는 정신에 병이 든 사람이 소위 귀신 들림이라 불리는 것에서 구출되는 이야기입니다.

대부분의 설교들이 그런 이야기들이 질병과 건강과 치유에 관해 드러내 보이는 심원한 통찰을 보여 주는 대신 빈약하고 미신적인 기적의 개념을 사용해 그런 이야기들의 기적적인 특성을 강조하고 있는 것은 매우 유감스러운 일입니다.

치유 이야기들은 구주라고 불리셨던 분에 의해 수행된 구원의 이야기입니다. 그 이야기들에서는 구원이 곧 치유라는 사실이 분명하게 드러납니다. 만약 교회가 자신이 전하는 메시지의 이 부분에 대해 보다 큰 이해를 보여 주었다면, 종교와 의료(醫療) 사이의 유감스러운 분열은 결코 발생하지 않았을 것입니다. 그 둘 모두에서 구원의 능력이 작동합니다.

만약 우리가 오늘날의 의료적 치유와 정신적 치유의 기적들을 살펴본다면, 우리는 그런 기적들을 통해 영원과 멸망할 수밖에 없는 인생 사이에 놓인 벽의 어느 한 지점이 뚫렸다고, 악한 자로부터의 해방이 우리의 삶의 어느 한 차원에서 발생했다고, 또한 육체적이나 정신적인 도움을 주는 자가 누군가의 구주가 되었다고 말해야 할 것입니다. 그리고 그는 모든 구원자들이 그러하듯이 시간과 공간 안에서의 하나님의 현존에 의해 인간뿐 아니라 자연에게도 주어진 치유의 능력의 도구로서 기능합니다.

### 구원의 걸림돌

그러나 이런 종류의 치유와 해방에도 한계가 있습니다. 예수님에 의해 치유를 얻었던 이들은 다시 병에 걸리고 죽었습니다. 마귀에 사로잡혔다가 해방된 자들은, 예수님 자신이 경고하셨듯이, 전보다 더 심한 정신병에 걸릴 수도 있습니다. 이런 종류의 치유는, 모든 의학적 치유가 그러하듯이, 영원한 생명이 시간의 어느 한 순간 안으로 틈입하는 것이었습니다.

또한 육체와 정신의 치유에는 두 번째 한계가 있습니다. 치유를 받아야 할 자의 태도가 치유를 방해할 수 있습니다. 악한 자로부터 해방되고자 하는 열망이 없이는 그 어떤 해방도 있을 수 없습니다. 치유하는 능력에 대한 갈망이 없이는 그 어떤 치유도 있을 수 없습니다! 우리와 영원한 삶을 분리시키는 벽은 오직 우리가 그것을 바랄 때만, 또한 우리가 치유의 능력을 지난 자들을 신뢰할 때만 무너집니다.

구원자들에 대한 신뢰는 오늘날 "신앙-치유"(faith-healing)라고 불리는 것을 의미하지 않습니다. 사실 그것은 기껏해야 우리 자신이나 다른 누군가의 심리적인 만족에 불과합니다. 오히려 그것은 우리가 악으로부터 해방될 가능성을 접할 때마다 그런 해방에 대해 자신을 개방하는 것을 의미합니다.

이런 개방성이 늘 존재하는 것은 아닙니다. 우리는 건강보다 질병을, 또한 자유보다 속박을 더 좋아할 수 있습니다. 치유되지 않고 해방되지 않기를 바라는 데에는 여러 가지 이유가 있습니다. 약한 자는 그의 환경에 대해, 즉 그의 가족과 친구들에 대해 힘을 행사할 수 있습니다. 그 힘은 신뢰와 사랑을 파괴할 수 있지만 약함을 통해 그 힘을 행사하는 이에게는 만족을 제공합니다. 우리는 자신이 남편이나 아내에게, 자녀들이나 부모에게, 친구들이나 소속 집단에게 무의식적으로 행하고 있는 것이 바로 그런 힘이 아닌지 자문해 볼 필요가 있습니다.

또 다른 이들은 해방이 그들로 하여금 있는 그대로의 현실과 직면하게 하고 인간의 가장 무거운 짐을 짊어지게 하기 때문에 그것을 원치 않습니다. 이것은 특별히 정신적 불안에 예속된 사람들에게 해당됩니다. 물론 그들은 육체적 질병을 지닌 사람들과 마찬가지로 고통을 겪습니다. 그러나 그들에게는 힘을 얻거나 책임에서 벗어나는 것으로 인한 보상이 고통보다 더 중요하게 보입니다. 그들은 실재하는 구원의 능력으로부터 자신을 격리시킵니다.

그들에게 이런 구원의 능력은 무엇보다도 그들 자신을 육체나 정신의 구원을 위한 갈망을 향해 개방시키는 것을 의미합니다. 그러나 예수님조차 그분의 말씀을 듣는 이들 중 많은 이들-아마도 대부분-에게 그런 능력을 행하실 수 없었습니다. 어쩌면 모든 치유자와 해방자가 해야 할 첫 번째 일은 그가 치유하고자 하는 사람들 안에 있는 질병과 예속에 대한 사랑을 깨뜨리는 것일 수도 있습니다.

### 과학기술과 구원

이제 이 세상에서의 우리의 유한성으로 인해 초래되는 아주 다른 형태의 예속과 해방에 대해 생각해 봅시다. 과학기술에 대해 지금까지 말해진 많은 것들과 내 자신이 그것에 대해 좋지 않게 말해 왔던 많은 것들과 완전히 다르게, 나는 자연에 대한 과학기술의 통제가 갖고 있는 구원의 능력에 대해 말하고자 합니다. 이것은 그런 통제가 절정에 달하고, 그와 동시에 그것의 해롭고 파괴적인 측면이 그 어느 때보다 분명하게 드러나고 있는 오늘날과 같은 시기에 말하기에는 아주 대담한 진술입니다.

과학기술의 모든 혁신은 인간을 그의 동물적 단계 이상으로 고양시키면서 여러 가지 고역에서 해방시키고, 시간과 공간 안에서 그의 움직임이 갖고 있는 좁은 한계를 정복하고, 그가 자연의 일부로서 예속되어 있는 무수히 많은 크고 작은 악(惡)들 - 예컨대, 불필요한 고통과 불필요한 죽음 - 로부터 그를 구해냅니다.

과학기술의 이런 혁신은 구원의 능력을 갖고 있습니다. 무수히 많은 사람들이 갑자기 그런 과학기술을 빼앗겼던 경험을 통해 배웠듯이, 이런 과학기술의 혁신은 구원하는 힘을 갖고 있습니다. 우리는 과학기술 안에 내포된 파괴적인 가능성들에 대해 압니다. 우리는 그것이 지구상의 모든 생명체를 멸절시키고 역사를 끝장낼 수 있다는 것을 압니다. 우리는 또한 그것이 인간의 정신을 보다 깊고 보다 지속적인 의미에서 구원으로부터 멀어지게 할 수 있다는 것을 압니다. 우리는 그것이 인간 자신을 하나의 물체와 도구로 변화시킬 수 있다는 것을 압니다. 그럼에도 우리는 과학기술의 통제라는 위업의 한 가운데에서 일시적인 것 안으로 틈입하는 영원을 발견합니다.

우리가 구원하는 능력과 구원에 대해 말할 때 이런 사실이 무시되어서는 안 됩니다.

### 세상 나라들의 구원

고대 세계에서 위대한 정치 지도자들은 "구주"라고 불렸습니다. 그들은 그들의 나라와 그 나라 안에 있는 집단들을 불행과 예속과 전쟁으로부터 해방시켰습니다. 이것은 또 다른 종류의 치유이며, 우리로 하여금 성경의 마지막 책에 나오는 구절을 떠올리게 합니다. 그 구절은 시적인 언어로 말합니다. "그 나무 잎사귀들은 만국을 치료하기 위하여 있더라"(계 22:2). 어떻게 나라들이 치유될 수 있습니까? 어떤 이들은 다음과 같이 말할지도 모릅니다. "나라들이 외부의 정복자나 내부의 압제자들로부터 해방될 수는 있다. 그러나 그것들이 어떻게 치유될 수 있는가?"

선지자들이 그런 질문에 답을 제공합니다. 나라들은, 만약 그 나라에 그 나라가 어떤 모습이 되어야 할지를 대변해 줄 소수의 사람들이 존재한다면, 치유될 수 있습니다. 그들은 패배할 수도 있습니다. 그러나 그들의 정신은 그 나라에 해가 되는 악한 정신들에 맞서는 저항력이 될 것입니다. 한 나라 안에 그 나라를 구원하는 힘이 존재하는가 하는 질문은, 그 나라 안에 선전(宣傳)에 의해 초래되는 근심과, 위협에 의해 강제되는 순응과, 무지에 의해 충동을 받는 증오에 맞서고자 하는 소수의 사람들 - 심지어 몇 사람들 - 이 존재하는지 여부를 묻는 질문입니다.

이 나라(미국 - 역주)의 미래와 영적 가치는 이 나라가 보유한 핵무기가 아니라, 그런 소수의 사람들이 이 나라가 그 안에서 생각하고 행동하게 될 정신에 대해 갖게 될 영향력에 달려 있습니다. 그리고 이것은 인류 전체에 대해서도 마찬가지입니다. 인류 전체의 미래는 한 나라 안에서 구체화되거나 모든 나라들을 망라하는 구원의 힘을 지닌 소수의 사람들에 의존하게 될 것입니다. 인류 안에는 구원하는 힘이 존재하지만, 또한 자기 파괴를 향한 숨겨진 의지 역시 존재합니다. 어느 쪽이 우세할지는 우리들 각자에게 달려 있습니다.

인류가 올해 혹은 내년에도 살아남으리라는 하나님의 약속은 존재하지 않습니다. 그러나 인류가 살아남을지 여부는 나와 당신 안에서 작동하는 구원하는 힘에 달려 있을 수 있습니다. 또한 그것은 사회적 정의, 인종적 평등, 그리고 정치적 지혜와 관련해 우리 중 그 누구를 통해서라도 작동하는 치유하고 해방시키는 은혜의 크기에 달려 있을 수도 있습니다.

만약 우리 중 많은 이들이 "인류는 내 안에서 작동하는 구원의 힘을 통해 구원을 받거나 멸망할 수 있다" 하고 말하지 않는다면, 인류는 멸망하게 될 것입니다.

**구원의 조건**

그러나 구원의 능력을 담지하는 자가 되려면 무엇보다 먼저 우리 자신이 구원을 받아야 합니다. 우리를 영원한 삶과 분리시키는 벽이 무너져야 합니다. 그러나 그 벽을 강화하고 우리를 계속해서 병에 걸리게 하고 노예 상태로 머물게 하는 것이 하나 있습니다. 우리가 지금 여기에서 영원한 삶에 이르는 것을 가로막는 방해물은 우리 자신의 소외와 죄책입니다. 우리가 자신의 양심을 통해 확인하는 자신에 대한 비난은 죽음에 이르는 병, 즉 우리가 삶에 대해 "예"라고 말하려면 먼저 그것으로부터 치유되어야 하는 삶에 대한 절망입니다.

치유된 삶은 악한 자의 속박으로부터 구출된 새로운 삶입니다. 바로 여기에서 주기도문의 마지막 두 가지 탄원이 하나가 됩니다. 즉 "우리 죄를 사하여 주옵소서"와 "우리를 악한 자에게서 구하시옵소서"는 하나이며 동일한 탄원입니다. 그리고 만약 우리가 예수님을 그리스도 곧 우리의 구주라고 부른다면, 그때 우리가 의미하는 것은, 우리가 그분 안에서 우리를 용납함으로써 우리를 치유하는, 또한 우리에게 자기 안에 있는 새로운 존재 – 그 안에는 우리 자신과의, 우리의 세계와의, 그리고 우리의 세상 및 우리 자신의 신적 근거와의 화해가 존재합니다 – 를 보여 줌으로써 우리를 해방시키는 힘을 발견한다는 것입니다.

그리고 이제 마지막 질문을 제기해 봅시다. "누가 구원받고, 해방되고, 치유될 것인가?" 제4복음서는 말합니다. "그것은 세상이다!" 우리가 그것으로부터 오고, 그것과 분리되어 있고, 그것에로 돌아가게 될 영원과의 재결합은 존재하는 모든 것들에게 약속되어 있습니다. 우리는 개인으로서가 아니라 모든 다른 이들 및 우주와의 일치 안에서 구원을 받습니다. 우리 자신의 해방은 노예가 되어 있는 자들을 홀로 남겨 두지 않습니다. 우리 자신의 치유는 세상에 대한 위대한 치유의 한 부분입니다.

그러므로 주기도문의 두 가지 서로 다른 탄원들은 또한 동일한 것을 요청합니다. "우리를 악한 자에게서 구하옵소서, 그리고 주의 나라가 임하옵소서!" 그 나라는 해방되고 치유된 그분의 창조물입니다. 이것이 우리가 시간으로부터 영원을 살필 때 소망하는 것입니다. "우리를 구하옵소서! 우리를 치유해 주옵소서!" 바로 이것이 존재하는 모든 것들의 외침입니다. 바로 그것이 온 인류 및 온 우주와의 일치 안에 있는 우리들 각자의 외침입니다.

그런 외침에 대한 하나님의 응답은 다음과 같습니다. "나는 내게서 분리된 것을 내게로 돌릴 것이다. 왜냐하면 그것은 내게 속해 있기 때문이다. 나는 그 옛날에 내가 했던 것처럼, 또한 미래에 내가 할 것처럼, 오늘 너를 해방시킬 것이다." 오늘 당신의 귀에 "내가 너를 해방시킬 것이다. 내가 너를 치유할 것이다"라는 말씀이 들려온다면, 그 말씀에 저항하지 마십시오!

# 11

# 영원한 지금

⁶나는 알파와 오메가요 처음과 마지막이라

요한계시록 21:6

**우리가 마지막에 이르러야** 한다는 것은 우리의 운명이자 우리의 세계에 속한 모든 것들의 운명입니다. 우리가 자연과 인류 안에서 경험하는 모든 마지막은 우리를 향해 큰 소리로 말합니다. "너 역시 마지막에 이를 것이다!" 마지막은 우리가 한 동안 살았던 곳과의 작별에서, 친밀한 사람들과의 교제로부터의 분리에서, 그리고 우리와 가까웠던 누군가의 죽음에서 그 모습을 드러낼 수 있습니다. 혹은 그것은 우리에게 의미를 주었던 일의 실패에서, 삶의 어느 한 시기가 끝나는 것에서, 노년이 다가오는 것에서, 혹은 심지어는 가을날 자연의 우울한 모습 속에서 분명해질 수도 있습니다. 이 모든 것은 우리에게 말합니다. "너 역시 마지막에 이를 것이다!"

우리는 이렇듯 우리에게 마지막을 상기시켜 주는 음성에 의해 흔들릴 때마다 근심에 싸여 묻습니다. "우리에게 시작과 끝이 있다는 것, 우리가 '더 이상 없음'[no more]이라는 어둠으로부터 와서 '아직 없음'[not yet]이라는 어둠을 향해 달려간다는 것은 무엇을 의미하는가?"

어거스틴(Augustine)은 이런 질문을 제기한 후 그 문제에 답하려는 시도를 기도로 시작했습니다. 그리고 그렇게 하는 것은 옳은 일이었습니다. 왜냐하면 기도는 우리를 영원에로 고양(高揚)시키는 것을 의미하기 때문입니다. 사실 영원의 빛 안에서 바라보는 것 외에는 시간을 판단할 다른 방법이 존재하지 않습니다.

무언가를 판단하기 위해 우리는 부분적으로는 그 안에 속해야 하고, 또 부분적으로는 그것의 바깥에 머물러야 합니다. 만약 우리가 전적으로 시간 안에 속해 있다면, 우리는 기도와 묵상과 사유를 통해 우리 자신을 영원으로까지 고양시키지 못할 것입니다. 우리는 다른 모든 피조물들처럼 시간의 자녀로 머물 것이고 시간의 의미에 대해 묻지 못할 것입니다. 그러나 인간으로서 우리는 우리가 거기에 속해 있으나 또한 시간의 굴레에 의해 거기로부터 소외되어 있는 영원을 의식합니다.

**미래, 시간의 신비에 대한 눈뜸**

우리는 시간에 대해 세 가지 방식 혹은 양식으로 말합니다. 과거와 현재와 미래가 그것입니다. 아이들조차 그것들을 의식합니다. 그러나 현명한 어른조차 그것들의 신비를 꿰뚫어 보지 못합니다. 우리는 "너 역시 마지막에 이를 것이다"라고 말하는 음성을 들을 때 그것들에 대해 의식합니다.

우리로 하여금 시간의 신비에 대해 눈뜨게 하는 것은 "미래"입니다. 시간은 처음에서 마지막으로 달려갑니다. 그러나 시간에 대한 우리의 의식은 반대로 움직입니다. 그것은 마지막에 대한 근심어린 예견과 더불어 시작됩니다. 먼저 우리가 미래를 향해, 또한 우리가 예견할 수 있는 마지막 지점인 우리의 삶의 종국을 향해 나아가는 것에 대해 생각해 봅시다. 미래의 이미지는 서로 상반되는 느낌을 낳습니다. 미래에 대한 예견은 우리에게 기쁨의 감정을 제공합니다. 우리가 그 안에서 자신의 가능성을 실현할 수 있고, 풍성한 삶을 경험할 수 있고, 새로운 무언가를 - 그것이 새로운 일이든, 새로운 생명이든, 새로운 삶의 방식이든, 혹은 우리 자신의 재탄생이든 - 만들어낼 수 있는 미래를 갖는다는 것은 굉장한 일입니다.

우리는 용기 있게 새로운 것을 향해 나아갑니다. 특히 삶의 초기에는 더욱 그러합니다. 그러나 이런 감정은 다른 것들과 갈등을 일으킵니다. 가령, 미래에 숨어 있는 것에 대한 근심이나, 미래가 우리에게 초래하게 될 모든 일들의 모호성이나, 우리가 한해씩 살아감에 따라 줄어들다가 어쩔 수 없이 마지막에 다가갈수록 짧아지는 미래의 기간 같은 것들과 말입니다. 그리고 마침내 우리는 꿰뚫을 수 없는 어두움과 시간 속에서 우리의 존재 전체가 실패한 것으로 판정되리라는 위협을 지니고 있는 마지막에 이릅니다.

### 끝이 없는 미래와 영원의 구별

사람들은 그리고 당신은 이렇듯 희망과 위협과 피할 수 없는 마지막을 지니고 있는 미래라는 이미지에 어떻게 대응합니까? 아마도 우리들 대부분은 임박한 미래를 바라보고, 그것을 예견하고, 그것을 위해 일하고, 그것을 희망하고, 그것에 대해 근심함으로써, 반면에 그보다 훨씬 먼 미래에 대한 의식을 차단함으로써, 그리고 무엇보다도 자신의 미래의 마지막 순간에 대한 의식을 차단함으로써 그런 이미지에 대응할 것입니다. 아마도 우리는 그렇게 하지 않고서는 우리의 시간 대부분을 살아가지 못할 것입니다. 그러나 만약 우리가 늘 그렇게 한다면, 아마도 우리는 죽을 수 없을 것입니다. 그리고 만약 우리가 죽지 못한다면, 우리가 참으로 살아갈 수 있을까요?

자신의 미래에 내포된 피할 수 없는 마지막을 인식할 때 우리는 그것에 어떻게 대응합니까? 우리는 그런 인식을 견딜 수 있습니까? 또한 그로 인한 두려움을 궁극적 어두움과 대면하는 용기를 통해 극복해낼 수 있습니까? 아니면 완전한 절망 속에 빠지고 맙니까? 우리는 바랄 수 없는 것을 바랍니까? 혹은 그것을 견디지 못하기 때문에 마지막에 대한 우리의 의식 자체를 억누릅니까? 우리가 자신의 마지막에 대한 의식을 억누르는 것은 몇 가지 방식으로 나타납니다.

많은 이들은 지금과 마지막 사이의 긴 삶을 예상함으로써 그런 의식을 억누릅니다. 그들에게는 그 마지막을 늦추는 것이 중요합니다. 마지막과 아주 가까운 노인들조차 그렇게 합니다. 그들은 그 마지막이 아주 오랫동안 늦춰지지는 않으리라는 생각을 견디지 못합니다.

또 다른 많은 이들은 이런 생각의 기만성을 깨닫고 죽음 이후에도 자신의 삶이 계속되기를 바랍니다. 그들은 이생에서 자기들에게 거부되었던 것을 성취하거나 소유할 수 있는 "끝이 없는 미래"(endless future)를 기대합니다. 이것은 미래에 대한 아주 널리 퍼진 태도이며, 또한 아주 단순한 태도이기도 합니다. 그것은 마지막이 존재한다는 사실을 부인합니다. 그것은 우리가 피조물이라는 것과, 우리가 시간의 영원한 근거로부터 와서 시간의 영원한 근거로 돌아가며 제한된 길이의 시간을 "우리의" 시간으로 받는다는 사실을 받아들이지 않습니다. 그것은 영원을 끝이 없는 미래로 대체합니다.

그러나 끝이 없는 미래는 최종적인 목적지를 갖고 있지 않습니다. 그것은 그 자체를 반복하며, "지옥"이라는 이미지를 통해 잘 묘사될 수 있습니다. 이것은 마지막을 다루는 기독교적 방식이 아닙니다. 기독교의 메시지는 과거와 미래 위에 영원이 있다고 말합니다. "나는 알파와 오메가요 처음과 마지막이라"(계 21:6)

기독교의 메시지는 시간이 마지막을 향해 달려간다는 것과 우리가 우리의 시간의 마지막을 향해 움직이고 있다는 것을 인정합니다. 그리고 많은 이들이, 사실 성경은 그런 말을 하지 않음에도 불구하고, 막연하게 "내세"(hereafter)나 "죽음 이후의 삶"(life after death)에 관해 말합니다. 우리의 기도문들에서조차 영원은 "마지막이 없는 세상"(world without end)이라고 번역되어 있습니다. 그러나 세상은 그 본질상 마지막에 이르지 않을 수 없습니다.

만약 우리가 어리석고 희망어린 생각을 하지 않고 진리 안에서 말하기를 원한다면, 우리는 "무시간"(timelessness)이나 "끝이 없는 시간"(endless time)이 아니라 "영원"(the eternal)에 대해 말해야 합니다. 미래의 신비는 우리가 시간으로부터 취한 이미지들을 사용해 그것에 대해 말할 수 있는 영원 안에서 대답을 얻습니다. 그러나 만약 우리가 그런 이미지들이 이미지라는 사실을 잊는다면, 우리는 어리석음과 자기기만에 빠지게 됩니다. 시간 이후의 시간은 존재하지 않습니다. 그러나 시간을 초월하는 영원은 존재합니다.

### 과거, 우리가 무시하는 시간

우리는 아직 없는 무언가를 향해 나아갑니다. 또한 우리는 더 이상 없는 무언가로부터 왔습니다. 우리는 우리가 거기로부터 온 것에 의해 현재의 우리로서 존재합니다. 우리에게는 마지막이 있듯이 또한 시작이 있습니다. 우리는 우리보다 오래 산 사람들로부터 그것에 대해 듣습니다. 우리는 역사서들을 통해 그것에 대해 읽습니다. 우리는 그 누구도 우리에게 그것들에 관해 말해 줄 수 없는 상상조차 할 수 없는 세월의 흐름을 마음으로 그려봅니다.

우리가 우리의 "더 이상 존재하지 않음"(being-no-more)을 상상하기란 어렵습니다. 또한 우리의 "아직 존재하지 않음"(being-not-yet)을 상상하는 것 역시 동일하게 어렵습니다. 그러나 대개 우리는 우리의 아직 존재하지 않음에 관해, 즉 우리가 존재하지 않았던 우리의 출생 이전의 무한한 시간에 관해 신경 쓰지 않습니다. 우리는 다음과 같이 생각합니다. "우리는 지금 존재해. 이것은 우리의 시간이야." 그리고 우리는 그것을 잃는 것을 원하지 않습니다. 우리는 우리의 시작 이전에 있었던 것에는 관심이 없습니다. 우리는 죽은 후의 삶에 관해 묻지만, 우리의 출생 이전의 우리의 존재에 관해서는 묻지 않습니다. 그러나 그 질문을 하지 않고 다른 질문을 하는 것이 가능한 것일까요?

제4복음서 기자는 그렇게 생각하지 않습니다. 그는 그리스도의 영원성에 관해 말하면서 그분이 영원으로 돌아가시는 것에 대해서뿐 아니라, 또한 그분이 영원으로부터 오시는 것에 대해서도 지적합니다. "진실로 진실로 너희에게 이르노니 아브라함이 나기 전부터 내가 있느니라"(요 8:58). 그분은 과거가 놓여 있는 차원과는 다른 차원으로부터 오십니다.

예수님의 말씀을 듣는 자들은 그분을 이해하지 못합니다. 왜냐하면 그들은 역사적 과거에 대해 생각하기 때문입니다. 그들은 그분이 자신이 수백 살이나 먹었다고 주장한다고 믿었습니다. 그리고 그들이 이런 어리석은 말에 대해 공박하는 것은 옳았습니다. 그러나 그분은 "아브라함이 나기 전부터 내가 있었느니라(I was)"라고 말씀하시지 않습니다. 오히려 그분은 "아브라함이 나기 전부터 내가 있느니라(I am)"라고 말씀하십니다. 그분은 영원으로부터의 자신의 출발에 대해 말씀하고 계신 것입니다. 그리고 바로 이것, 즉 헤아릴 수 없는 수많은 세월이 아니라 우리의 과거 안에 있는 궁극적인 시점으로서의 영원이야말로 존재하는 모든 것의 시작입니다.

### 과거의 현존

우리가 거기로부터 온 과거의 신비는 그것이 우리의 삶의 모든 순간에 존재하며 동시에 존재하지 않는다는 것입니다.

과거는, 우리가 그것이 우리를 만들어 놓은 대로 존재하는 한, 존재합니다. 우리의 몸의 모든 세포 안에서, 우리의 얼굴의 모든 특성 안에서, 그리고 우리의 영혼의 모든 움직임 안에서, 우리의 과거는 현재입니다.

우리 시대보다 현재 안에서 지속적으로 활동하는 과거에 관해 많은 것을 알았던 시대는 없습니다. 우리는 어린 시절의 경험이 우리의 인격에 미치는 영향에 대해 압니다. 우리는 어린 시절에 일어난 사건들로 인한 상처들에 관해 압니다. 우리는 고대 그리스의 비극 작가들과 유대인 예언자들이 알았던 것, 즉 과거는 우리 안에 저주이자 또한 축복으로서 현존한다는 사실을 재발견했습니다. 왜냐하면 언제나 "과거"는 개인들에게뿐 아니라 국가들과 심지어 대륙들에게조차 저주와 축복 두 가지 모두를 의미하기 때문입니다.

역사는 과거로부터 그리고 과거의 유산으로부터 살아나옵니다. 유럽 국가들의 영광은 그들의 오래되고 고갈되지 않은 풍요로운 전통입니다. 하지만 그런 전통의 축복은 수 세기 동안 그 대륙을 피로 물들이며 파멸의 상황으로 몰아갔던 여러 나라들 사이의 분열로 인해 초래된 저주와 뒤섞여 있습니다.
이 나라(미국-역주)가 짧은 역사를 통해 얻은 축복은 대단

합니다. 그러나 이 나라에는 그 초기부터 몇 가지 요소들이 이 나라에 대한 저주로 작용해 왔고 앞으로도 오랜 세월 동안 저주로 남아 있게 될 것입니다. 예를 들어, 나는 이 나라가 이 나라 안에서뿐 아니라 밖에서 여러 인종과 나라들을 다루는 방식을 통해 드러내 보이는 인종 의식을 지적할 수 있습니다. "미국적 삶의 방식"은 과거로부터 온 축복입니다. 그러나 그것은 또한 미래를 위협하는 저주이기도 합니다.

### 과거와 회개

세계 여러 나라들과 대륙들의 삶 그리고 더 나아가 인류 전체를 위협하고 있는 그런 저주들을 제거할 방법이 있을까요? 우리가 과거의 요소들을 과거 속으로 추방함으로써 그것들이 현재에 대한 힘을 잃어버리게 할 수 있을까요? 인간의 개별적 삶에서 이것은 분명히 가능합니다. 우리는 한 인격의 힘은 그가 과거 속으로 던져 넣은 것들의 양에 달려 있다고 말해 왔는데, 그 말은 옳습니다. 인간은 그의 과거가 그에 대해 갖고 있는 힘에도 불구하고 그것으로부터 자신을 분리시킬 수 있고, 적어도 한번은 그것을 현재로부터 과거 속으로 던져버릴 수 있습니다. 그리고 그것은 과거 안에서 폐기되어 무력한 상태로 남게 됩니다.

물론 그것이 되돌아와서 현재를 정복하고 그 사람을 파멸시킬 수도 있습니다. 그러나 사정이 꼭 그렇게 될 필요는 없습니다. 우리는 우리의 과거의 피할 수 없는 희생자가 아닙니다. 우리는 과거를 과거 외에 아무것도 아닌 것으로 남아 있게 할 수 있습니다. 그동안 우리는 그런 행위를 "회개"(repentance)라고 불러왔습니다. 진정한 회개는 잘못된 행위에 대한 슬픔의 감정이 아닙니다. 오히려 그것은 인간이 그 안에서 자신을 자신의 존재의 요소들로부터 분리시키고, 그런 요소들을 이제 더 이상 현재에 대해 힘을 발휘하지 못하는 것으로 간주하면서 과거 속으로 내던져버리는 전인격적인 행위입니다.

그런데 한 나라가 그런 일을 할 수 있을까요? 한 나라 혹은 어느 특정한 사회 집단이 참된 회개를 할 수 있을까요? 한 나라가 자신을 과거의 저주로부터 분리시킬 수 있을까요? 한 나라의 희망은 바로 그런 가능성에 달려 있습니다. 이스라엘의 역사와 교회의 역사는 그것이 가능하다는 것을 보여 줍니다. 또한 그들은 그것이 진귀하고 매우 고통스러운 일임을 보여 줍니다. 그런 일이 이 나라(미국 – 역주)에서 일어날지는 아무도 알지 못합니다. 그러나 우리는 이 나라의 미래가 이 나라가 자신의 과거를 다루는 방식에, 또한 이 나라가 현재 저주로 남아 있는 요소들을 과거 속으로 내버릴 수 있는지 여부에 달려 있다는 것을 알고 있습니다!

**과거와 용서**

모든 인간의 삶 속에서는 과거에 대한 싸움이 진행되고 있습니다. 축복이 저주와 싸웁니다. 종종 우리는 무엇이 축복이고 무엇이 저주인지 식별하지 못합니다. 오늘날 우리는, 우리의 무의식적 추구에 대한 발견에 비추어 볼 때, 우리의 과거 안에서 축복보다는 저주를 발견하는 경향이 있습니다. 우리의 부모들의 기억은-구약성경에서 그것은 그들의 축복과 떼려야 뗄 수 없을 만큼 긴밀하게 관련되어 있습니다-그들이 의식하지 못한 채, 또한 그들의 의지와는 달리 우리에게 초래했던 저주와 훨씬 더 많이 관련되어 있습니다.

정신적 고통을 겪고 있는 이들 중 많은 이들은 그들의 과거를, 특히 그들의 어린 시절을 저주의 근원으로 여길 뿐입니다. 우리는 이런 생각이 매우 자주 사실에 가깝다는 것을 압니다. 그러나 우리는, 만약 저주와 동일한 근원으로부터 와서 우리를 지탱해 주는 축복이 없다면, 우리가 살아갈 수도 없고 미래와 마주할 수도 없다는 사실을 잊어서는 안 됩니다.

우리 시대의 수많은 남자와 여자들이 거의 끊임없이 그들의 과거에 대해 애처로운 투쟁을 벌이고 있습니다. 의료적 치유로는 이런 갈등을 해결할 수 없습니다. 왜냐하면 의료적 치료는 과거를 변화시키지 못하기 때문입니다. 오직 축복과 저주 사이의 갈등 위에 놓여 있는 축복만이 그 갈등을 치유할 수 있습니다.

그것은 겉보기에 변할 수 없을 것처럼 보이는 과거를 변화시키는 축복입니다. 그것은 과거의 "사실들"(facts)을 변화시키지 못합니다. 이미 발생한 일은 발생했으며 영원토록 그대로 남아 있습니다! 그러나 사실들의 "의미"(meaning)는 영원한 것에 의해 변화될 수 있습니다. 그리고 이런 변화의 이름은 "용서"(forgiveness)입니다. 만약 과거의 의미가 용서에 의해 변화된다면, 미래에 대한 그것의 영향력 역시 변화됩니다. 저주의 특성이 과거로부터 제거됩니다. 저주는 용서의 변화시키는 힘을 통해 축복이 됩니다.

과거에는 축복과 저주만 있는 것이 아닙니다. 과거에는 공허 역시 존재합니다. 우리는 한때 우리에게 풍성한 만족을 주었던 경험들을 기억합니다. 이제 우리는 그것들을 기억하면서 그것들의 풍성함이 사라졌고, 그것들의 황홀함이 없어졌고, 그것들의 충만함이 공허로 변했음을 깨닫습니다. 쾌락,

성공, 허영 등이 이런 성격을 갖고 있습니다. 우리는 그것들을 저주로 느끼지 않습니다. 우리는 그것들을 축복으로 느끼지도 않습니다. 그것들은 과거에 의해 삼켜졌습니다. 그것들은 영원한 것에 기여하지 못했습니다. 우리의 삶에서 이런 판단을 피할 수 있는 것이 얼마나 적은지 자문해 봅시다.

### 영원한 지금

미래의 신비와 과거의 신비는 현재의 신비 안에서 결합됩니다. 우리의 시간, 즉 우리가 갖고 있는 시간은 우리가 그 안에서 "현존"(presence)을 갖고 있는 시간입니다. 그러나 우리가 어떻게 "현존"을 가질 수 있을까요? 현재는 우리가 그것을 생각할 때 즉시 사라져버리는 순간이 아닙니까? 현재는 계속해서 움직이는 과거와 미래 사이의 경계선이 아닙니까? 그러나 움직이는 경계선은 우리가 그 위에 머물 수 있는 곳이 아닙니다. 만약 과거의 "더 이상 없음"과 미래의 "아직 없음" 외에 아무것도 우리에게 주어지지 않는다면, 우리는 아무것도 갖지 못할 것입니다. 우리는 "우리의" 시간인 시간에 대해 말할 수 없고, 우리의 "현존"을 갖지 못할 것입니다.

우리가 현존을 "갖고 있다"는 것, 더 나아가 우리가 현재에 그것을 예견하기 때문에 또한 "우리의" 미래를 갖고 있다는 것, 그리고 우리가 현재에 그것을 기억하기 때문에 또한 "우리의" 과거를 갖고 있다는 것은 하나의 신비입니다. 현재에 우리의 미래와 우리의 과거는 "우리의 것"입니다. 그러나 만약 우리가 결코 끝나지 않는 시간의 흐름에 관해 생각한다면 "현존"은 존재하지 않습니다. 현재의 수수께끼는 시간의 모든 수수께끼들 중에서도 가장 깊습니다. 다시 말하거니와, 이 문제에 대해서는 모든 시간을 포함하면서 그것들 초월하는 것, 즉 영원으로부터 오는 것 외에 다른 해답은 존재하지 않습니다.

우리가 "지금" 혹은 "오늘"이라고 말할 때마다 우리는 우리를 위해 시간의 흐름을 멈추게 합니다. 우리는 현재를 받아들이고 우리가 그것을 받아들이는 바로 그 순간에 그것이 사라진다는 것에 대해 마음을 쓰지 않습니다. 우리는 그 안에서 살고, 그것은 모든 새로운 "현재"에 우리를 위해 새로워집니다. 이것은 시간의 모든 순간이 영원에 맞닿아 있기 때문에 가능합니다. 우리를 위해 시간의 흐름을 멈추게 하는 것은 영원입니다. 우리에게 "일시적인 지금"(the temporal now)을 제공하는 것은 "영원한 지금"(the eternal now)입니다. 히브리서의 말씀처럼 우리는 오늘이 여전히 오늘이기 때문에 살아갈 수 있습니다(히 4:7 참고-역주). 모든 사람이 일시적인 지금 안에서 이런 영원한 지금을 인식하는 것은 아닙니다. 또한 아무도 계속해서 그렇게 하지는 못합니다. 그러나 때로 그것이 우리의 의식 속으로 강력하게 뚫고 들어와 우리에게 영원, 즉 시간 속으로 틈입해 우리에게 "우리의" 시간을 제공하는 시간의 차원에 대한 확신을 제공합니다.

### 안식

이런 차원을 인식하지 못하는 사람들은 현재에 안식을 얻을 가능성을 잃어버립니다. 히브리서가 묘사하듯이, 그들은 결코 하나님의 안식 속으로 들어가지 못합니다(히 4:7-11 참고 – 역주). 그들은 과거에 붙들려 있고 그것으로부터 자신을 분리해내지 못합니다. 혹은 그들은 현재에 안식할 수 없기에 미래로 도망칩니다. 그들은 시간의 흐름을 멈추고 우리에게 현재의 축복을 제공하는 영원한 안식에 들어가지 못합니다. 아마도 이것은 특히 서구와 그 중에서도 특별히 이 나라에서 나타나는 우리 시대의 가장 현저한 특징일 것입니다. 우리 시대는 영원의 차원을 잃어버렸기 때문에 "현존"을 받아들일 용기를 갖고 있지 못합니다.

"나는 알파와 오메가요 처음과 마지막이라." 이것은 시간의 굴레 속에서 살고 있는 우리에게, 즉 마지막과 대면해야 하고, 과거로부터 도망치지 못하고, 발을 딛고 서기 위한 현재가 필요한 우리에게 주어진 말씀입니다. 각각의 시간의 양태들은 그 나름의 특별한 신비를 갖고 있습니다. 그것들 각각은 그 나름의 특별한 근심을 지니고 있습니다. 그것들 각각은 우리를 궁극적인 질문에로 몰아갑니다. 이런 질문들에 대한 유일한 대답이 있습니다. 그것은 바로 영원입니다. 모든 것을 소멸시키는 시간의 힘을 억누르는 유일한 힘이 있습니다. 그것은 바로 영원입니다. 그 영원은 존재하셨고, 존재하며, 존재하실 분이며, 또한 처음이자 마지막이신 분입니다. 그분이 우리에게 지나간 것에 대한 용서를 제공하십니다. 그분이 우리에게 다가 오는 것을 받아들일 용기를 제공하십니다. 그분이 우리에게 그분의 영원한 현존 안에서의 안식을 제공하십니다.

## 제3부

# 인간에 대한 도전

The Challenge to Man

"현명한 자는 자신의 유한성을 받아들입니다.
그는 자신이 하나님이 아니라는 것을 압니다."

# 12

# 순응하지 말라

¹²너희는 이 세대를 본받지 말고 오직 마음을 새롭게 함으로 변화를 받아

로마서 12:2a

"**순응하지 말라**"(Do not be conformed, 롬 12:2a와 관련해 영어 성경들은 '본받다'imitate가 아니라 '순응하다'conform라는 단어를 사용하한다. 이 설교의 이해를 위해서도 그 단어가 적합하다 - 역주). 바울의 이런 경고는 역사의 모든 시기에 중요하지만 특히 우리 시대에 긴급하게 요구됩니다. 그것은 우리들 각자와 우리의 문명

그리고 인류 전체에게 해당됩니다. 그것은 여러 측면을 갖고 있습니다. 왜냐하면 우리가 거기에 순응할 수 있는 것들이 여럿이기 때문입니다. 그러나 바울이 우리가 거기에 순응하지 않기를 바라는 것으로서 모든 것을 포괄하는 것이 하나 있는데, 그것은 바로 "이 세대"(this eon)입니다. 그는 우리가 이 세대에 순응하는 대신 "오는 세대"(coming eon), 즉 우리의 세상과 우리 자신의 갱신된 상태로 인해 변화되기를 바랐습니다. 순응이 아닌 변화. 바로 그것이 바울이 우리의 본문을 통해 말하는 내용입니다.

### 바울의 도전

우리 시대는 수많은 혁명적 변화들을 경험했습니다. 우리 중 나이 든 이들은 지금도 그런 변화들을 기억하고 있는데, 그것은 그들이 삶의 초기에 그런 변화들로 인해 큰 고통을 겪었기 때문입니다. 오늘날에는 나이 든 이들이나 젊은이들 할 것 없이 모두가 혁명에 대해 그리고 더 나아가 그들이 정착한 세상의 변화에 대해 반대하고 있습니다. "보수주의"(conservatism)의 분위기가 인류의 대부분을 그리고 특별히 우리 서구 문명에 속한 사람들을 지배하고 있습니다. 이것은 자연스러운 일이며, 그 자체로는 염려할 필요도 없는 문제입니다. 그러나 만약 보수주의가 "순응주의"(conformism)로 변한다면,

만약 새로운 세대의 모토가 변화가 아닌 순응이 된다면, 그것은 염려할 문제이고 도전을 받아야 합니다.

순응주의적인 경향은 일부 교사들이 개별적인 친교가 학생들의 적응을 위협한다는 이유로 그런 친교를 금지할 때 − 사실 그것은 잘못된 교육 원리입니다 − 시작되는 것으로 보입니다. 그리고 이런 경향은 또래 집단의 규율이 하나님의 법과 인간의 법들보다 중요하게 간주되는 소년시절을 거치고, 선배들이 후배들에게 부과한 규준들이 아주 터무니없는 행동을 하도록 만드는 고등교육 기관들에서의 몇 년을 거치고, 성인들간의 경쟁의 세계에 발을 들여 놓고 성공을 위한 수단들에 적응하는 시절을 거치고, 성숙과 권력 그리고 사회적·정치적·종교적 금기들을 해치는 것에 대한 두려움을 경험하는 시간들을 거친 후, 종교의 선전가들이 임박한 종국에 대한 두려움을 이용해 낡은 종교적 순응주의를 전파하는 우리의 삶의 만년에까지 계속됩니다.

그리고 우리의 삶의 이 모든 단계들에는 소통을 위한 매체들 − 그것들의 기능들 중 하나는 사람들이 그런 사실을 인식하지 못하게 하면서 순응주의를 조장하는 것입니다 − 로부터 오는 지속적인 압력이 뒤따릅니다.

바울은 우리에게 "순응하지 말라"고 말합니다. 그리고 그 말을 통해 우리의 모든 문명의 주요한 경향에 도전합니다. 그러나 사실 그는 그 이상의 것에 도전합니다. 그는 당신과 나에게 도전합니다. 우리가 이 문명에 사로잡혀 있든 그렇지 않든 상관없이 말입니다. 우리는 그 말에 동의하든 하지 않든 상관없이 순응자일 수 있습니다. 또한 그 말에 동의하든 하지 않든 상관없이 불순응자일 수 있습니다. 바울의 이런 말은 우리 중 자기들의 혁명적 추동력(推動力)이 우리를 순응주의의 위험으로부터 해방시켜 준다고 믿는 자들을 위한 경고의 말입니다. 왜냐하면 사정이 그렇지 않기 때문입니다. 혁명적인 집단은 보수적인 집단만큼이나 순응자일 수 있습니다.

우리는 어느 한 집단에게뿐 아니라 우리 자신에게도 순응할 수 있습니다. 혁명가는 혁명가로서의 그 자신에게 이용됨으로써 자신의 자유를 잃어버리고 혁명에 대한 순응자가 될 수 있습니다. 동일한 방식으로 우리는 무관심한 태도나 냉소주의, 엄격함이나 완벽함, 혹은 자신의 공허에 순응할 수도 있습니다. 우리는 우리 자신에게 순응할 수 있고, 마음을 새롭게 함으로써 자신을 변화시키지 못하게 될 수 있습니다. 우리는 우리 자신을 변화시키지 못했기 때문에 아무것도 변화시키지 못하는, 사랑이 결여된 불순응자일 수 있습니다.

**이 세대**

바울은 어째서 순응주의를 공격하는 것일까요? 그는 어째서 기독교인을 "완벽하게 적응한 사람"(the perfectly adjusted man)이라고 부르지 않는 것일까요? 어째서 그는 기독교적 방식을 사회의 도덕적·종교적 규준들을 완전히 수용하는 것으로 묘사하지 않는 것일까요?

바울의 생각은 그런 것과는 아주 다릅니다. 확실히 그는 순응이라는 기준에 따른다면 좋은 교육자라고 불릴 수 없을 것입니다. 그러나 그는 자신이 순응주의를 거부하는 이유를 알고 있었습니다. 그는 모든 순응주의는 "이 세대"(this eon)에 순응하는 상태라는 것을 알고 있었습니다. 그러므로 이제 우리는 이 이상한 주장의 의미를 이해하도록 노력해 봅시다.

이 세대는 우리가 그 안에서 살아가고 있는 상태를 의미하며, 그것은, 바울에 따르면, "부패"(corruption)라는 상태입니다. 그러므로 이 세대에 순응하는 것은 이 세대의 부패에 참여하는 것을 의미합니다. 순응주의가 있는 곳에는 부패에 대한 수용과 현재의 미심쩍은 상태에 대한 예속이 있습니다.

여러 영어 성경들에서 "세대"(eon)를 뜻하는 헬라어는 "세상"(world)으로 번역되고 있습니다. 이것은 얼마간 오해를 초래합니다. 우리는 세상에 대해 말할 때 우주에 대해 생각합니다. 그러나 우리의 지구와 그 안에 있는 모든 것을 포함하는 우주는 지금 여기에서의 하나님의 지속적인 창조 활동의 산물입니다. 피조물로서의 세상 자체는 훌륭합니다. 그것은, 우리가 주기도문을 통해 기도하듯이, 하나님의 나라가 임할 장소입니다.

이 세상과 피조물로서 그것이 지니고 있는 영광을 부정하고 우리의 눈을 원래의 창조와는 아무 상관도 없는 초월적 세계로 향하게 하는 것은 기독교 메시지에 대한 가장 위험한 오해들 중 하나입니다. 성경은 옛 하늘과 옛 땅과 대비되는 새 하늘과 새 땅에 대해 말합니다.

그러므로 이제 우리는 바울이 이 세대에 대한 순응에 대해 말할 때 그 말의 의미가 무엇인지 이해할 수 있습니다. 그는 변화되지 않은 옛 땅과 옛 하늘에 대해 말하고 있는 것입니다. 그러므로 바울이 우리가 이 세대에 순응하지 않기를 바랐을 때, 그는 우주의 – 특별히 인간의 우주의 – 부패한 상태에 대해 말하고 있었던 것입니다. 바울이 우리에게 요구하는 이 세대를 향한, 우리 자신을 향한, 그리고 우리의 세상을 향한 우리의 태도는 삼중적입니다. 첫째는 심판이고, 둘째는 저항이고, 셋째는 변화입니다.

### 불순응의 어려움

그러나 우리는 다음과 같이 물을 수 있습니다. "내가 내 앞에 있는 모든 것을 심판하고, 그것들에 저항하고, 그것들을 변화시켜야 한다고? 오히려 우리는 오랜 세월의 지혜를 통해 만들어지고 우리보다 앞선 세대들의 경험과 통찰을 통해 우리에게 전해진 것에 순응해야 하는 것 아닌가? 오히려 우리가 다음과 같이 말할 수는 없을까? '선하고 고귀하며 사랑의 정신과 일치하는 것으로 밝혀진 것에 순응하라'라고."

우리는 아주 진지하게 그리고 자기에 대한 비판과 더불어 이런 질문을 제기해야 합니다. 그러나 우리는 우리가 이 세대 안에서 그것의 형식과 방식의 지배를 받으며 살아가고 있다는 사실과, 그 안에서는 부패한 것이 부패하지 않은 것과, 용납될 수 있는 것이 용납될 수 없는 것과, 그리고 선한 것이 악한 것과 뒤섞여 있다는 사실을 잊지 말아야 합니다. 바로 이것이 순응을 그토록 위험하게 만드는 것입니다.

만약 이 세대의 부패가 명백하게 드러난다면, 그것에 순응하도록 유혹받을 사람은 거의 없을 것입니다. 그러나 실제로 혹은 문학작품들에서 마귀와 계약을 체결하는 사람은 많지 않습니다. 그러나 많은 사람들이 선한 것 - 실제로 선한 것 - 의 여러 요소들에 의해 유혹에 빠져 이 세대와 계약을 체결하고 그것에 순응하는 상태에 빠져듭니다. 그리고 분명히 이런 순응을 수용하도록 만드는 강력한 근거들이 존재합니다.

우리 모두는 자신의 의사와 상관없이 그 속에서 태어난 가정에 대해 순응합니다. 그렇다면 우리가 순응주의는 이 세대와 부패한 상태에 대한 순응을 의미하기 때문에 가정에서 불순응자가 되는 게 타당한 것일까요? 그것은 가정의 다른 구성원들에게 큰 고통을 초래하고 우리에게서 친밀하고 질서 정연한 가정의 삶이 제공하는 여러 가지 축복을 빼앗아가지 않을까요? 부모를 공경하라는 계명과 이 세대에 순응하지 말라는 사도의 경고가 어떻게 결합될 수 있을까요?

예수님은 말씀하십니다. "내가 온 것은 사람이 그 아버지와, 딸이 어머니와, 며느리가 시어머니와 불화하게 하려 함이니 사람의 원수가 자기 집안 식구리라 아버지나 어머니를 나보다 더 사랑하는 자는 내게 합당하지 아니하고 아들이나 딸을 나보다 더 사랑하는 자도 내게 합당하지 아니하며"(마

10:35-37). 이런 말씀은 불순응에 대한 가장 과격한 진술에 속합니다. 그리고 이런 말씀에 비추어 본다면 바울의 급진주의조차 보수적인 것으로 보입니다. 이런 말씀들에 기초한 신앙이 그 역사를 통해서 가정의 안과 밖에서 가장 성공적인 순응의 도구로 사용되어 온 것은 놀라운 일입니다.

이런 일은 어떻게 해서 일어난 것일까요? 모든 분열의 세력들에도 불구하고 오늘날에도 서구 문화 안에 이런 지배적인 태도가 존재하는 까닭이 무엇일까요? 그것은 우리가 그리스도 안에서 분명히 드러나는 것처럼 가정에 대한 순응이 사랑과 갈등을 빚는 지점을 찾기가 지극히 어렵기 때문입니다. 만약 초대 기독교에서 자주 있었던 것처럼 우리의 가정이 우리로 하여금 그리스도와 그분이 의미하는 것을 거부하게 한다면, 분리가 불가피한 지점을 찾는 것은 쉬운 일이 될 것입니다. 그러나 이것은 오늘날의 상황이 아닙니다.

그 대신에 오늘날 순응과 불순응의 문제는 우리의 매일의 삶의 무수히 많은 사소한 순간들에 제기됩니다. 그 각각의 순간에 대한 우리의 대답은 하나의 모험입니다. 그 모험은 우리 자신의 양심 안에서 벌어지는 갈등이라는 부담을 안고 있습니다. 우리는 우리의 불순응이 자신에 대한 잘못된 순응에 기초한 것인지 혹은 우리를 불순응에로 몰아가는 부패에 대한 우리의 인식 때문인지를 분명하게 알지 못합니다. 또한 우리는 우리의 무저항이 잘못된 항복 때문인지 혹은 우리로 하여금 가정에 순응하게 하는 사랑과 지혜라는 요소 때문인지를 분명하게 알지 못합니다.

### 교묘한 순응

우리는 이런 일들에 대해 확실하게 알지 못합니다. 그러므로 우리는 자신이 틀릴지도 모를 위험을 감수하면서만 행동할 수 있습니다. 대부분의 사람들이 자신들이 운명에 의해 처하게 된 상태에 순응함으로써 그런 모험을 회피하려고 합니다. 그러나 우리의 세계를 변화시켜 왔던 이들은 자신이 잘못된 결정을 내리는 것일지도 모를 위험을 감수했던 사람들이었습니다. 그리고 위대한 사람들일수록 그런 위험을 더 잘 인식했습니다. 그들은 깊고 뜨거운 믿음에도 불구하고 의심하기를 그치지 않았습니다.

그들이 가정과 전통에 순응하기를 거부했을 때, 그들은 그들 자신에게 순응했던 것이 아닙니다. 오히려 그들은 변화를 받아 새로운 존재가 됨으로써 다른 이들을 새롭게 할 수 있었습니다. 그리고 바로 그런 이유 때문에 그들은 결코 자만에 빠지지 않았습니다. 그들은 순응하지 않는 위험과 그런 위험으로 인한 근심과 의심과 영광을 그들의 양쪽 어깨로 짊어졌던 것입니다.

바울은 모든 기독교인들에게 바로 그것을 요구하고 있습니다. 모든 기독교인은 예수님이 가족과 관련해 말씀하셨던 급진적인 의미에서조차 불순응의 위험을 감수할 만큼 충분히 강해져야 합니다. 가족 내에서의 상황은 한 가지 예(例)인 동시에 또한 예 이상입니다. 왜냐하면 모든 순응이 그 안에 뿌리를 두고 있기 때문입니다. 그리고 순응에 대한 저항은 무엇보다도 가족에 대한 저항입니다.

그러나 우리가 밤낮으로 그 안에서 순응의 공기를 호흡하는 보다 큰 다른 집단들이 있습니다. 그리고 그곳에서의 저항은 때로는 가족 내에서보다 쉽지만, 종종 더 어렵기도 합니다. 지금 나는 교육적, 사회적, 정치적, 그리고 종교적 집단들에 대해 말하고 있는 것입니다. 그것들 각각을 사도의 말에 비추어 살펴보도록 합시다.

교육 집단은 순응을 얻기가 가장 어려운 곳으로 보입니다. 학생들은 대개 그들의 선생들이나 그들이 선생들로부터 배운 것에 대해 순응하기보다는 저항하려는 경향을 갖고 있습니다. 게다가 선생들은 학생들의 판단이나 학문적 탐구의 자유와 무관하게 선택됩니다. 이것이 고등교육 기관들을 대표적인 불순응의 장소로 만드는 듯 보입니다.

그러나 나는 상황이 그렇지 않다고 생각합니다. 사실을 확인하기 위해 우리는 학생들에게 두 가지 질문을 제기할 필요가 있습니다. "당신은 당신이 배운 것에 저항하느라 자주 반항이라는 새로운 순응을 하고 있지 않은가? 당신은 당신의 선생들에게 저항하는 것만큼 강렬하게 당신이 속한 집단이나 무리에 대해서도 저항하고 있는가, 아니면 무리에 대한 순응과 이 세대의 모든 요소들과 그런 순응 안에 내포된 부패에 의해 정복되어 있는가?" 당신이라면 이런 질문들에 어떻게 대답하겠습니까?

또한 우리는 선생으로서의 우리 자신에게도 다음 두 가지 질문을 제기할 필요가 있습니다. 하나는 "우리는 우리가 일시적인 지적 풍조에 의존하고 있음을, 특히 그 유행이 사회적 혹은 정치적 지원을 얻고 있을 때 더욱 그러함을 충분하게 인식하고 있는가?"이고, 다른 하나는 "우리는 우리 자신에게 그리고 우리가 의존하고 있는 확정된 의견에 순응해 오지 않았는가, 그리고 우리가 나이를 먹어감에 따라 더욱 그러하지 않았는가?"입니다. 나는 학생이든 선생이든 우리 모두가 이런 질문들을 받는다면 침묵하지 않을 수 없으리라고 믿습니다. 고등교육 기관들은 불순응에 대한 독점권을 갖고 있지 않습니다. 그것들은 다른 집단들만큼이나 변화가 필요합니다. 그것들 역시 이 세대에 속해 있기 때문입니다.

가정과 학교는 우리가 사회와 국가라고 부르는 보다 큰 집단들의 일부입니다. 그것들이 우리들 각자의 삶의 방식에 대해 행사하는 순응주의적 영향력에 대해서는 이미 많은 말들이 있었고 많은 글들이 쓰였으므로 내가 여기에서 그런 신랄하고 고통스러운 견해들을 반복할 필요는 없을 것입니다. 또한 시골 지역의 이웃들에 의해, 경쟁의 법칙에 의해, 정치적 위협에 의해, 그리고 24시간 방송 전파를 채우면서 우리가 그것들을 우리의 의식의 중심에서 거부하려고 할 때조차 우리의 무의식에 영향을 주고 있는 라디오와 TV에 의해 행사되는 압력들에 대해 다시 언급할 필요도 없을 것입니다.

### 위험 감수의 필요성

다시 말하지만, 이 모든 것들의 순응주의적 영향에 맞서는 데 따르는 어려움은 그것들이 악할 뿐 아니라 또한 선하다는 사실에 있습니다. 우리의 사회적·정치적 형태들 안에 있는 선과 악의 혼합이 우리의 모든 저항을 하나의 모험으로 만듭니다. 저항은 우리가 그 행위를 통해 우리의 우정이나 우리에 대한 사람들의 인정이나 세속적인 성공을 위험에 빠뜨린다는 의미에서뿐 아니라 - 사실 우리는 그런 정도는 감내할 수 있습니다 - 혹시 우리가 그릇된 판단을 하고 그로 인해 길을 잃어버릴지도 모른다는 의미에서도 모험인 셈입니다.

그러나 그럴 때조차 우리는 모험을 해야 합니다. 마치 예수님이 제자들에게 그들이 위험을 무릅써야 할 것이라고 말씀하셨던 것처럼 말입니다. 우리는 "공회에 넘겨지고, 증인이 되기 위해 총독들과 임금들 앞으로 끌려가고, 친구와 친척들에 의해 죽음에 넘겨지고, 모든 사람들에게서 미움을 받는"(마 10:17-22 참고) 위험을 무릅써야 합니다.

물론 이것은, 비록 그런 일이 우리 시대에서도 여전히 많은 사람들에게 일어나고는 있지만, 아주 극단적인 상황에 대한 묘사입니다. 아마도 오늘날 우리들 대부분은 그런 무거운 결단을 해야 할 필요가 없을 것입니다. 그러나 매일의 삶에서 그리고 사회와 국가를 다룸에 있어서 우리는 우리가 그들의 삶의 방식에 순응하지 않는다는 이유로 우리를 고발하고 정죄하는 사회적 비난과 마주해야 합니다.

예수님이 묘사하시는 극단적인 불순응의 모습 속에는 우리가 매일의 삶에서 수행해야 하는 모든 소소한 불순응의 행위들이 포함되어 있습니다. 당신이 속해 있는 사회 집단에 순응하지 마십시오. 비록 당신이 그들에게 복종해야 할지라도, 당신에 대해 정치적 힘을 갖고 있는 자들에게 순응하지 마십시오. 오히려 그들의 변화를 위해 일하십시오.

아마도 많은 교인들이 이런 말에 동의할 것입니다. 그러나 만약 누군가 바울의 이런 경고를 교회 자체에 적용하려 한다면, 그들은 저항할 것입니다. 그러나 우리는 그렇게 해야 합니다. 예수님을 가장 효과적으로 위협하고 그분을 죽음에로 몰아갔던 순응주의는 그분 시대의 "종교적 순응주의"(religious conformism)였습니다. 그리고 그런 상황은 교회 안에서도 다르지 않았고 지금도 마찬가지입니다. 왜냐하면 기독교 교회들 역시, 비록 그들이 오는 세대에 대해 증언하고 시간과 공간 안에서 오는 세대를 대표하고 있을지라도, 이 세대에 속해 있기 때문입니다. 교회들은 이 세대의 부패와 그것의 선과 악의 혼합에 참여하고 있습니다. 또한 교회의 역사는 교회의 부패에 대한 끊임없는 증언의 역사입니다. 그러므로 순응하지 말라는 바울의 경고는 또한 교회에도 해당됩니다.

그러나 우리는 다음과 같이 물을 수 있습니다. "만약 우리가 공통의 신조에 의해, 의식(儀式)에 의해, 윤리적 기준에 의해, 오랜 전통과 정기적인 공동예배에 의해 하나가 된 집단에 속해 있다면, 우리가 그런 상태에서 순응하지 않는 것이 가능한 일인가? 우리가 교회에 충실하면서 교회에 순응하지 않는 것이 가능한 일인가? 실제로 불순응했던 교회들이 있었다. 그러나 그들은 단지 어느 역사적 순간에만 불순응했다가 그후 자기들이 분리해 나온 이들과 마찬가지로 다시 순응하는 교회가 되지 않았던가?" 이것은 아주 심각한 질문입니다. 특히 지배적인 교회에 대한 순응에 맞서는 과정을 통해 세워진 프로테스탄트 교회들에게는 더욱 그러합니다.

그러나 나는 주저 없이 말합니다. 우리는 교회 공동체 안에서조차 순응하지 말아야 합니다. 물론 그런 행위에는 또한 모험이 포함됩니다. 우리는 틀릴 수 있습니다. 그럼에도 우리는 순응하지 말아야 합니다. 왜냐하면 우리의 그런 모험은 가장 고상한 형태의 종교까지도 포함해 모든 인간적인 것에 대한 하나님의 저항을 대표하기 때문입니다. 하나님의 이런 저항을 드러내기 위한 인간의 목소리가 사라진 교회는 "이 세대"에 순응한 교회입니다.

### 우상 숭배에 대한 저항

여기에서 우리는 궁극적으로 "불순응"(non-comformity)이 무엇인지 알게 됩니다. 그것은 우상 숭배에 대한, 즉 우리 자신과 우리의 세상과 우리의 문명과 우리의 교회를 궁극적인 것으로 만드는 것에 대한 저항입니다. 그리고 이런 저항은 인간에게 요구하기에는 가장 어려운 것입니다. 그것은 너무나 어렵기에 구약과 신약 성경의 예언자들과 종교개혁가들 그리고 종교의 역사 전 기간을 통해 우상 숭배와 맞서 싸웠던 리더들은 그들이 이 세대에 대한 순응과 맞서 싸우도록 부르심을 받았을 때 그 과업에서 도망치려고 했습니다. 그것은 인간에게는 너무나 어려운 일이었기 때문입니다.

무언가를 비난하거나 그것에 대해 반항하는 것은 그렇게 어렵지 않습니다. 그러나 우리가 우리 자신까지 포함해 무언가에 대해 불순응하고 우상 숭배에 맞서 하나님의 심판을 선포하는 것이 그토록 어려운 이유는, 그런 용기 있는 행위가 우리를 고통과 순교로 이끌어가기 때문이라기보다는, 오히려 우리가 그런 일에서 실패할 위험 때문입니다. 그것이 어려운 이유는 우리의 양심 안에 있는 무언가가, 즉 우리의 죄책감이 우리가 불순응자가 되는 것을 가로막으려 하기 때문입니다.

그러나 우리는 그런 죄책감조차 감당해야 합니다. 위험을 무릅쓰고 실패하는 자는 용서받을 수 있습니다. 위험을 무릅쓰지 않고 실패도 하지 않는 자는 그의 존재 전체가 이미 실패입니다. 그는 용서받지 못합니다. 왜냐하면 그는 자기에게 용서가 필요하다고 느끼지 않기 때문입니다. 그러므로 이 세대에 순응하지 마십시오. 오히려 그것을 변화시키십시오. 먼저 당신 자신을 그리고 그후에 당신의 세상을 변화시키십시오. 사랑의 정신과 사랑의 능력으로 그렇게 하십시오.

# 13

# 강건하라

13깨어 믿음에 굳게 서서 남자답게 강건하라 14너희 모든 일을 사랑으로 행하라

고린도전서 16:13-14

**이 시간에 나는 아주 유명한** 이 구절에서 두 단어(be strong[강건하라]- 역주)를 택해 거기에 여러분의 관심을 집중시키고자 합니다. 우리의 본문에서 그 두 단어는 "강함"(strength)을 가능하게 만드는 다른 특성들에 의해 둘러싸여 있습니다. 그 특성들은 깨어 있음, 믿음, 용기, 그리고 사랑입니다. 그 모든 것이 합하여 강력한 기독교적 인품을 묘사합니다.

우리는 어떻게 해야 강함을 얻을 수 있을까요? 이것은 인간의 삶의 모든 시대에 그리고 인간 역사의 모든 시기에 제기되었던 질문입니다. 이것은 우리 시대에 열정적으로 그리고 절망적으로 제기되는 질문이며, 또한 이제는 더 이상 어린아이가 아니지만 그렇다고 아직 완전히 성인이 되지도 못한 사람들이 아주 초조하게 제기하는 질문입니다.

### 네 자신이 되라

우리의 본문에서 바울은 여러 번 "되라"(be)라는 동사를 사용합니다. 그는 고린도 교인들에게 "강건하라"(be strong)고 말합니다. 우리는 그 동사를 쉽게 건너뜁니다. 그러나 그것은 우리의 관심을 완전히 그리고 어쩌면 우리의 본문의 주된 내용 이상으로 사로잡아야 합니다. 왜냐하면 "되라"라는 동사 안에는 하나님에 대한 인간의 관계라는 수수께끼 전체가 포함되어 있기 때문입니다.

바울은 고린도에 있는 교인들에게 그들이 알지 못하는 무언가를 요구하지 않습니다. 그는 그들에게 그들 자신이 될 것을, 즉 "기독교적 인품"(Christian personality)을 가질 것을 요구합니다. 그가 사용하고 있는 모든 명령문은 당위(當爲)에 대한 요구이기 이전에 이미 존재하고 있는 것에 대한 설명입니다. 네 자신이 되라―그것이 우리가 어떤 존재에게 요구할 수 있는 유일한 것입니다.

우리는 어떤 존재에게 이전에 그것이 아니었던 무언가가 되도록 요구할 수 없습니다. 모든 형태의 삶은 무언가에 대한 요청과 요구를 받기를 원합니다. 그러나 그 어떤 삶도 그 자신이 아닌 무언가에 대한 요구를 받아들일 수 없습니다. 그것은 그 자신이 되도록 요구받기를 바랄 뿐 그 자신 이외에 다른 것이 되라는 요구를 받기를 바라지 않습니다. 이것은 놀라워 보입니다. 그러나 조금만 생각해 보아도 우리는 그것이 사실임을 알 수 있습니다.

우리는 가시나무에게 열매를, 잡초에게 곡식을, 마른 샘에게 물을, 냉담한 사람에게 사랑을, 비겁한 사람에게 용기를, 혹은 연약한 자에게 힘을 요구할 수 없습니다. 만약 우리가 무언가를 갖고 있지 않은 존재에게 바로 그 무언가를 요구한다면, 우리는 어리석은 것입니다. 그리고 그들은 우리를 비웃거나 우리가 자기들에게 불공평하거나 적대적이라며 비난할 것입니다. 우리는 무엇에게나 혹은 누구에게나 다만 그가 갖고 있는 것을 내놓으라거나 그 자신이 되라고 요구할 수 있을 뿐입니다. 우리는 우리에게 주어진 것에 의지해 행동할 수 있습니다. 행동하는 것보다 받는 것이 먼저입니다.

**불공평한 기회**

바울은 "강건하라"고 말합니다. 그는 새로운 현실의 능력이 그를 사로잡았을 때 그 자신이 능력을 받았던 것처럼 능력을 받은 사람들을 향해 그 말을 하고 있는 것입니다. 이제 우리 중 어떤 이들은 다음과 같이 물을지도 모릅니다. "우리 중 자신이 믿음과 능력과 사랑을 받은 적이 없어서 자기가 그런 것들을 갖고 있지 않다고 느끼는 이들은 어떻게 해야 하는가? 우리는 이 모든 것들을 결여하고 있다. 그러므로 '되라'라는 바울의 명령은 우리에게 주어진 것이 아니다. 설령 그것이 우리에게 주어진 것이라고 할지라도, 우리는 그런 말이 관심이 없거나 그런 말을 한 자에게 적대감을 느낀다. 우리는 강하지 않으며, 따라서 아무도 우리에게 강해지라고 요구해서는 안 된다! 우리는 약하다. 그러니 우리는 약한 채로 남아 있어야 하는가? 우리는 체념에 빠지고, 당신의 요구들에 대해 냉소적이 되어야 하는가? 그런 요구들은 다른 이들에게는 적합할지 모르나, 우리에게는 적합하지 않다."

나는 우리가 상상하는 것보다 훨씬 많은 이들이 그렇게 말하는 소리를 듣고 있습니다. 또한 나는 젊은이들로 구성된 학급 전체가 그렇게 말하는 소리를 들었습니다. 그리고 나이 든 세대에 속한 수많은 개인들이 이런 말을 반복하는 소리를 들었습니다.

그리고 나는 이 문제와 관련해 성경에서 그 어떤 위로도 발견하지 못합니다. 성경에는 하나님의 말씀의 씨앗이 여러 종류의 땅에 떨어져 그 중 오직 하나의 땅에서만 열매가 맺히는 것에 대한 비유가 나옵니다(마 13:1-8). 청함을 받은 사람은 많지만 택함을 받은 자는 적다는 말씀도 나옵니다(마 22:14). 있는 자는 받겠고 없는 자는 그 있는 것도 빼앗기리라는 예수님의 두렵지만 현실적인 진술도 나옵니다(눅 19:26). 빛에서 태어나 빛의 자녀가 되는 자들과 어둠에서 태어나 어둠의 자녀가 되는 사람들 사이의 대조도 나옵니다(살전 5:1; 엡 5:8). 토기장이이신 하나님께서 진흙으로 무엇을 만드시든 그분에게 맞설 수 없는 진흙으로서의 인간에 대한 비유도 나옵니다(롬 9:21-24).

우리는 이런 말씀을 들을 때 그것에 반항하고 싶어 합니다. 그러나 만약 우리가 우리 주변에 있는 사람들의 삶을 들여다본다면, 우리는 "그래, 성경의 말씀들이 맞아!"라고 말하지 않을 수 없습니다. 우리는 훌륭한 인구통계학적 자료를 제시하며 다음과 같이 말하고 싶어 합니다. "모든 사람은 성취에 이르도록 하나님이 주신 기회를 갖고 있으나, 모두가 그것을 사용하는 것은 아니다. 어떤 이들은 그 기회를 사용하고, 어떤 이들은 사용하지 않는다. 우리 모두의 궁극적 운명은 우리 자신의 손에 달려 있다."

우리는 사정이 그렇기를 바랍니다. 그러나 우리는 실제 사정이 그렇지 않다는 사실을 피할 수 없습니다. 기회는 공평하지 않습니다. 이미 강하기 때문에 우리가 그들을 향해 "강건하라"라고 말할 수 있는 사람들은 그리 많지 않습니다.

그러므로 내가 다른 이들 - 우리 중 많은 이들이 그런 사람들에 속합니다 - 에게 정직하게 말할 수 있는 유일한 말은 다음과 같습니다. "당신이 약하다는 사실을 받아들이라. 강한 체 하지 말라. 그리고 만약 당신이 당신 자신이 되고자 한다면, 당신의 약함이 당신의 강함이 될 것이다. 당신이 약하다는 사실을 받아들이라." 그것이 우리가 약한 자들에게 해줘야 할 말입니다. "당신이 겁쟁이라는 사실을 받아들이라." 그것이 우리가 겁쟁이들에게 해줘야 할 말입니다. "당신이 믿음 안에서 흔들리고 있음을 받아들이라." 그것이 우리가 믿음 안에 굳게 서지 못한 자들에게 해줘야 할 말입니다. 그리고 사랑하지 않는 자들에게 우리는 "당신이 사랑할 수 없다는 사실을 받아들이라"고 말해야 합니다.

이것은 이상한 소리처럼 들립니다! 그러나 인간의 영혼에 대해 그리고 무엇보다도 자신의 영혼에 대해 아는 사람은 누구나 이런 말들이 무엇을 의미하는지 압니다. 그는 강해지기 위한 첫걸음이 자신의 약함을 시인하고 받아들이는 것임을 이해할 것입니다.

그렇게 하는 사람은 다음과 같은 말로 자신을 기만하지 않을 것입니다. "나는 적어도 바울이 요구하는 것의 얼마간은 갖고 있어. 그는 내게 그것을 요구할 수 있어. 왜냐하면 어떻든 나는 그것을 갖고 있기 때문이야." 그렇게 말하는 것이 타당한 사람들이 있기는 합니다. 그러나 그런 판단이 자신에 대한 기만이 될 수밖에 없는 이들이 있습니다. 그리고 우리는 그들을 향해 "당신이 약하다는 사실을 받아들이라. 당신 자신에 대해 정직해지라"고 말해야 합니다.

다른 이들에게 책임이 있는 이들, 즉 부모, 교사, 목회자, 상담가, 그리고 친구들에게 한 말씀 드리겠습니다. 누구에게든 두려움이나 주저함이 없이 "되라"(be)라는 요구를 하지 마십시오. 만약 당신이 그런 단어를 사용한다면, 당신은 하나님의 선택의 신비에 접근하고 있는 것일지도 모릅니다. 또한 당신은 누군가에게 그 자신이 아닌 무언가가 되라고 요구함으로써 그의 삶을 파괴하고 있는 것일지도 모릅니다!

### 깨어 있을 필요성

이 모든 통찰은 기독교인들에 대한 바울의 첫 번째 요구, 즉 "깨어 있으라"(be watchful)는 요구의 원인입니다. 강한 사람이 강할 수 있는 것은 오직 그가 자신의 강함을 이해하고 자신의 강함 안에 약함이 존재한다는 사실을 인식할 때뿐입니다. 모든 기독교인 안에는 비기독교인이 존재합니다. 모든 강한 자 안에는 약한 자가 존재합니다. 모든 용기 안에는 비겁함이, 모든 신앙 안에는 불신앙이, 또한 모든 사랑 안에는 적대감이 존재합니다. 깨어 있음이란, 기독교인은 결코 자신이 기독교인이라는 사실에 의존해서는 안 되며, 강한 자는 결코 자신의 강함에 의존해서는 안 된다는 것을 의미합니다.

우리는 강해지기 위한 훈련을 함으로써 강해질 수 있습니다. 우리는 우리 안에 있는 많은 것을 억제함으로써 다른 이들과의 관계에 있어서 강해질 수 있습니다. 이것은 강한 인품이라고 불리는 형태의 인품입니다. 그리고 확실히 자기를 제어

할 능력이 없는 강함은 강함이 아닙니다.

그러나 이런 능력을 갖고 있고 다른 사람들에게 강한 인격을 가진 자로서 존경을 받는 이들은 깨어 있어야 합니다. 그들은 그들의 강함의 기저(基底)에 약함이 있지 않은지, 또한 그것이 풍요롭고 영광스러운 삶을 구성하는 삶의 요소들을 배제하고 있지 않은지 살펴보아야 합니다. 만약 그들이 자신들의 숨은 약함에 주목하지 않는다면, 그 약함은 풍요로운 삶을 긍정하는 자들에게 증오로 나타날지도 모릅니다. 그들은 이런 풍요를 견디지 못합니다. 왜냐하면 그것은 그들의 강함의 토대가 되는 약함을 드러내기 때문입니다. 스스로 안심하기 위해 그들은 자기들에게 부과했던 것과 동일한 제한을 다른 이들에게 강제합니다. 그들의 횡포한 힘은 다른 이들 안에서 약함을 만들어냅니다.

강력한 기독교적 인품과 관련해서는 심원한 이중성이 존재합니다. 그런 이들이 없다면 기독교는 존재할 수 없었을 것이고, 사회 역시 지속될 수 없었을 것입니다. 그러나 많은 다른 기독교인들과 어쩌면 그들 스스로 강력한 사람이 될 수도 있었을 여러 다른 사람들은 바로 그들의 그런 강력한 기독교적 인품으로 인해 정신적 연약함에 빠지기도 하고, 또한 종종 정신병에 걸려 황폐해지기도 합니다. 그들은 기독교와 사회를 지탱하는 자들입니다. 그러나 기독교인들과 비기독교인들 중에는 그들로 인한 희생자들 - 대개는 그들의 자녀들이나 아내나 남편들로부터 시작됩니다 - 이 셀 수 없을 만큼 많습니다.

당신이 강한 자로 간주될 때, 혹은 스스로 그렇게 생각할 때, 깨어 있으십시오. 깨어 있으십시오. 그리고 당신 주변의 사람들에게 당신처럼 되라고, 또한 그들 자신이 아닌 존재가 되라고 요구하지 마십시오. 그렇지 않는다면 당신은 당신의 강함으로 그들을 파괴하게 될 것입니다.

### 믿음에 굳게 서라

강한 자로 간주되는 자들은 대개 강한 확신을 갖고 있습니다. 그들은 바울이 그들에게 요구하는 것, 즉 "믿음에 굳게 서는 일"을 수행하는 듯 보입니다. 누구에게나 발을 딛고 설 곳이 필요합니다. 토대가 없다면 그 어떤 힘도 가능하지 않습니다. 물리적 우주에서 그것은 잘 정초된 땅 위의 어느 한 곳입니다. 고대 그리스인들이 말했듯이, 지진이 일어나 흔들리는 땅보다 더 혼란스러운 경험은 없습니다.

사회적 우주에서 우리가 발을 딛고 서 있는 곳은 집과 고향과 조국입니다. 오래 전부터 조국을 잃어버린 사람들은 가장 약하고 가장 보호받지 못하는 사람들로 간주되었습니다.

영적 우주에서는 사정이 어떻습니까? 영적 우주에서 우리가 발을 딛고 서 있는 곳은 언어입니다. 왜냐하면 우리가 그것을 통해 우리의 세계와 우리 자신의 존재를 이해하는 언어로부터 다른 모든 영적 창조물들이 나오기 때문입니다. 가령 지식과 예술, 사회적 전통과 철학적 신념 같은 것들이 말입니다. 언어는 우리로 하여금 우리에게 주어진 세상 위에 또 다른 세상을 세울 수 있는 힘을 얻게 합니다. 낙원 이야기를 통해 알 수 있듯이, 언어는 인간을 자연에 대한 지배자로 만듭니다. 낙원에서 인간은 다른 살아 있는 것들에게 이름을 부여함으로써 그들에 대한 지배자가 됩니다. 영적 우주에서 강한 자는 말의 능력에서 강합니다.

인간의 강함과 인간의 약함에 대한 한 가지 심원한 통찰이 바벨탑 이야기에서 드러납니다. 하나의 언어로 서로 결합되어 있는 동안 인류는 강했습니다. 그 강함이 인간으로 하여금 하늘의 영역 속으로 들어가도록 재촉했습니다. 그러나 하나님께서 인간의 자고함을 깨뜨리시고 인간의 약함을 드러내고자 하셨을 때, 그분은 하나였던 언어를 혼잡하게 하셔서 사람들이 더 이상 서로의 말을 이해하지 못하게 하셨습니다.

오늘날 우리가 그와 비슷한 상황에 처해 있습니다. 우리의 시대가 약한 것은 우리가 더 이상 서로를 향해 말할 수 없기 때문입니다. 모두가 자기의 언어를 갖고 있고, 말은 그 힘을 잃어버렸습니다. 말은 얕아지고 혼란스러워졌습니다. 우리는 영적 세계에서 일어나는 지진과 추방을 경험해 왔습니다.

바울은 고린도 교인들에게 물리적, 사회적, 영적 우주보다 깊은 무언가 위에, 즉 우주의 모든 단계들이 그것에 의존하고 있기에 흔들릴 수 없는 그들의 거룩한 터전 위에 서라고 요구합니다. 바울의 말로 하자면, 이 터전 위에 서는 것은 곧 믿음 위에 서는 것입니다. 물론 이때 그는 자기가 고린도 교인들에게 전해 주었던 형태의 믿음에 대해 말하고 있습니다. 그러나 그런 형태의 믿음 안에 믿음 그 자체가 존재하는데, 그것은 바로 모든 흔들리고 변화하는 터전들 아래에 놓여 있는 궁극적인 터전 위에 서는 것입니다. 이 터전에 이르는 길을 여는 것이야말로 그리스도의 출현이 갖는 의미입니다.

"믿음에 굳게 서라"는 것은 당신을 궁극적으로 강하게 만들어 줄 수 있는 유일한 믿음을 포기하지 말라는 것입니다.

왜냐하면 바로 그것이 당신이 발을 딛고 설 궁극적인 터전을 제공하기 때문입니다. 믿음에 굳게 선다는 것은 일련의 신조(信條)들에 집착하는 것을 의미하지 않습니다. 그것은 우리에게 기독교의 교리나 다른 교리들에 대한 의문을 억누를 것을 요구하지 않습니다. 오히려 그것은 의문을 넘어서 인간을 비롯해 모든 존재가 거기에 근거를 둔 심연 속에 있는 무언가를 가리킵니다. 이 근거(Ground)를 인식하고 그 안에서 그리고 그것에 의지해 사는 것이야말로 궁극적인 강함입니다. "강건하라"와 "믿음에 굳게 서라"는 하나이자 동일한 명령입니다.

그러나 어떤 이들은 지금쯤 "되다"(be)라는 단어를 기억하면서 다음과 같이 말할지도 모릅니다. "그렇다면 강건하라는 명령은 우리에게 해당되지 않는다. 왜냐하면 우리는 그 어떤 믿음 안에도 서 있지 않기 때문이다. 믿음이 아니라 의심과 불신이 우리의 운명이다. 우리는 당신이 옳다는 것을 안다. 믿음이 없는 곳에는 강함도 없다. 그러나 우리는 그 중 아무것도 갖고 있지 않다. 그리고 만약 우리 안에 어떤 강함이 있다면, 그것은 정직함이라는 강함이다. 우리는 인습적인 이유 때문이든, 강함을 갈망하기 때문이든, 혹은 우리 시대의 감정을 고취하는 복음전도자들에게 설득을 당해서든, 우리의 것이 아닌 믿음에 굴복하려 하지 않는다. 우리의 강함은 부정직함 때문에 나타나는 강함에 맞서고 그것을 거부하는 것이다."

우리 시대의 가장 훌륭한 정신의 소유자들 중 몇 사람은 그렇게 말할 것입니다. 그리고 나는 그들에게 다음과 같이 대답합니다. "당신의 정직함이 당신의 믿음을 입증합니다. 그러므로 당신의 정직함이야말로 당신의 강함입니다! 당신은 교리나 상징의 형태로 진술될 수 있는 그 어떤 것도 믿지 않을지 모릅니다. 그러나 당신은 궁극적인 터전 위에 서 있습니다. 당신이 정직함을 유지하고 당신의 의심과 불신을 제한 없이 진지하게 다루는 한, 당신은 이미 믿음 안에 서 있는 셈입니다. 당신이 갖고 있는 믿음을 인식하십시오. 그러면 당신은 그 믿음을 위한 말을, 어쩌면 기독교적인 용어로라도, 발견하게 될 것입니다. 그러나 말을 하든 하지 않든, 강건하십시오. 왜냐하면 당신은 강하기 때문입니다."

### 용기와 사랑

바울의 말에 따르면, 강함에는 "용기"(courage)가 포함됩니다(틸리히는 "남자답게 강건하라"[13절]라는 구절을 "용기 있는 사람이 되라"be men of courage로 읽고 있다. 실제로 NIV와 표준새번역 등은 그 구절을 그렇게 번역한다 - 역주). 왜냐하면 인간의 강함은 인간의 근심 위에 세워지기 때문입니다. 불안정성은 여러 가지 형태를 갖고 있습니다. 가장 위험한 것 중 하나는 우리 자신 안에서 일어나는 분열의 경험입니다. 자기 자신과 결합된 사람은 그 누구도 정복할 수 없을 만큼 강합니다.

그러나 누가 그런 사람입니까? 우리 모두는 우리의 존재의 일부를 정복하고 우리의 인격을 분열시키는 세력들에 의해 지배되고 있습니다. 우리는 말의 능력뿐 아니라, 자신과 연합되고 중심을 지닌 인격체에게 주어지는 강함도 잃어버렸습니다. 우리는 전에는 마귀의 능력이라고 알려졌던 강박증에 의해 분열됩니다. 그리고 그 누가 분열된 인격을 향해 "강건하라!"고 명령할 수 있겠습니까? 그 누가 분열된 인격의 어느 측면을 향해 그런 명령을 내릴 수 있겠습니까?

그러나 무언가 다른 가능성이 존재합니다. 우리의 용기 있는 행위를 통해 치유의 능력이 — 그것은 궁극적으로 우리가 믿음 안에서 굳게 서 있는 터전으로부터 옵니다 — 우리의 인격 안으로 들어와 그 인격과 결합할 수 있습니다. 그것은 우리의 분열에 대한 근심을 짊어지는 용기입니다. 이 용기야말로 믿음의 가장 내밀한 중심입니다. 그것은 우리의 존재를 긍정하고 그와 동시에 그것을 거부합니다. 이런 용기로부터 가장 위대한 강함이 나옵니다. 그것은 세상과 영혼을 분열시키는 능력들을 정복하는 강함입니다. 용기를 내십시오! "아니요"(No)의 근심에도 불구하고 당신 자신을 향해 "예"(Yes)라고 말하십시오!

바울은 강한 인격에 대한 그의 설명을 그렇게 끝냅니다. 믿음 안에 굳게 서서 크게 칭송을 받을 만한 용기 있고 깨어 있는 영웅(英雄). 그러나 그것이 바울의 설명하는 전부가 아닙니다. 그는 다음과 같이 덧붙여 말합니다. "너희 모든 일을 사랑으로 행하라"(14절). 바울이 염두에 두고 있는 강한 인격은 용기와 믿음과 깨어 있음 너머에 있는 무언가에 기초를 두고 있습니다. 그것은 어느 영웅의 강함이 아닙니다. 그것은 자신이 영웅으로서 받을 수 있는 칭송을 겸손한 사랑에 예속시키는 자의 강함입니다.

우리는 가정과 친구들 사이에서 혹은 공적인 삶에서 존경을 받는 강한 인격을 지닌 자들에게 익숙해져 있습니다. 그러나 우리는 그들 안에 무언가가 결핍되어 있음을 느낍니다. 그 무언가가 바로 "사랑"(love)입니다. 그들은 친절할 수도 있고 기꺼이 남들을 도우려 할 수도 있습니다. 그들은 그들 자신에게 이런 태도를 요구합니다. 그러나 그들은 그들이 자신에게 요구하는 모든 것을 또한 다른 이들에게도 요구합니다. 그들은 주저 없이 "되라"는 단어를 사용합니다. 그들은 개인적인 강함을 통해 폭군이 됩니다. 사랑 없이 강한 자는 약한 자들에게 율법이 됩니다. 그리고 그 율법은 약한 자들을 더 약하게 만듭니다. 그것은 약한 자들을 절망이나 반항이나 무관심에로 내몹니다.

사랑 없는 강함은 우선은 다른 이들을 파괴하고 그후에는 그 자신을 파괴합니다. 왜냐하면 온전한 의미에서의 사랑은 강함에 덧붙여질 수 있거나 혹은 그럴 수 없는 그 무엇이 아니기 때문입니다. 오히려 사랑은 강함의 한 요소입니다. 우리는 사랑 없이 강할 수 없습니다. 왜냐하면 사랑은 어떤 부적절한 감정이 아니라, 생명의 피, 즉 분리된 것을 재결합시키는 능력이기 때문입니다. 사랑 없는 강함은 분리와 심판과 약한 자들에 대한 통제로 이어집니다. 그러나 사랑은 분리된 것들을 재결합시킵니다. 그것은 심판 받은 것을 용납합니다. 그것은 약한 것에 참여합니다. 마치 하나님께서 우리의 약함에 참여하시고 그 참여를 통해 우리에게 강함을 제공하시는 것처럼 말입니다.

# 14

# 성숙하게 생각하라

²⁰형제들아 지혜에는 아이가 되지 말고 악에는 어린 아이가 되라 지혜에는 장성한 사람이 되라

고린도전서 14:20

"**성숙하게 생각하라!**"(In thinking be mature, 이 구절은 한글 개역 성경에서 "지혜에는 아이가 되지 말고"로 번역되어 있다. 이 설교에서는 '지혜'와 '성숙'이 동의어로 쓰이고 있다 - 역주). 우리는 우리가 바울의 편지의 문맥 속에서 이런 교훈을 듣게 되리라고는 기대하지 못했을 것입니다. 그런데 여기에 그 교훈이 등장합니다. 그것은 바울이 세상의 지혜와 하나님의 지혜 - 그것은 인

간의 지혜보다 더 지혜롭습니다-를 날카롭게 대비하는 바로 그 편지 안에서 나타납니다. 또한 그 편지 안에서 그는 교회에는 지혜로운 자가 많지 않고 하나님은 세상에서 어리석은 자들을 취하신다는 사실을 지적합니다(고전 1:26-28). 하나님의 어리석음에 기초한 성숙(지혜-역쥐)-이것은 이해하기 어려운 말이지만, 고린도전서의 최초의 독자들에게뿐 아니라, 기독교 역사상의 모든 기독교인들과 비기독교인들에게도 해당되는 요구입니다.

어느 면에서 기독교적 실존의 가능성과 관련된 모든 문제는 바로 이런 "하나님의 어리석음"(divine foolishness)과 "인간의 성숙(지혜-역쥐)"(human maturity)의 결합 안에 내포되어 있다고 할 수 있습니다. 그러나 하나님의 어리석음과 인간의 성숙(지혜)을 어떻게 결합시킬 것인가 하는 문제는 아마도 기독교적 실존의 가능성에 대한 문제일뿐 아니라, 또한 인간으로서의 실존의 가능성에 대한 문제이기도 할 것입니다.

바울이 "아무도 자신을 속이지 말라 너희 중에 누구든지 이 세상에서 지혜 있는 줄로 생각하거든 어리석은 자가 되라 그리하여야 지혜로운 자가 되리라"(고전 3:18) 하고 말했을 때, 확실히 그것은 교회 안에 있는 사람들뿐 아니라 교회 밖에 있는 모든 사람들에게도 해당되는 말이었습니다.

성숙[지혜]과 갈등을 빚는 것은 이런 어리석음이 아니라, 영적 유아기(幼兒期) 상태, 즉 지혜와 관련해 젖먹이가 되어서 딱딱한 음식을 먹지 못하고 오직 젖만 먹는 상태입니다. 바울은 고린도 교인들이 아직도 밥 먹을 준비가 되어 있지 않다고, 즉 그들이 그들의 신학적 질투와 갈등을 통해 보여 주듯이 아직도 성숙한 상태에 이르지 못한 채 여전히 하나님의 어리석음과 멀리 떨어져 미성숙한 상태에 남아 있다고 안타까워합니다(고전 3:1-3).

### 성숙의 의미

성숙하게[지혜롭게 - 역주] 생각한다는 것은 무슨 뜻입니까? 우리는 학교 교육에서의 성숙에 대해 말할 수 있습니다. 그것은 시험과 학업 성과를 통해 검증될 수 있습니다. 어떤 나라들에서는 고등교육 기관에 입학하기 위한 기본 시험을 "성숙도 평가시험"(examination of maturity)이라고 부릅니다. 그러나 그런 시험을 통과하고 고등교육 기관에 입학한 학생들이 참으로 생각하는 데 성숙한 것일까요? 그들의 선생들은 생각하는 데 성숙한 것일까요? 위대한 학자들은 생각하는 데 성숙한 것일까요? 만약 성숙이 어떤 전문 분야를 마스터하고 그 분야에서 창의적으로 일할 수 있는 것을 의미한다면, 위대한 학자나 좋은 선생이나 그의 훌륭한 학생들은 모두 성숙한 사람들일 것입니다. 또한 그렇다면 오늘 이 자리에 모인 우리들 대부분은 자신을 성숙한 사람이라고 부를 수 있을 것입니다. 그리고 우리에게는 "성숙하게 생각하라"는 교훈이 필요하지 않을 것입니다!

그러나 우리에게는 그런 교훈이 필요합니다. 그 교훈은 기독교 전통 안에서 살아가는 사람이나 그 전통의 바깥에서 살아가는 사람 모두에게 필요합니다. 우리는 생각에 있어서 성숙한[지혜로운 - 역주] 상태에 있지 않습니다. 우리 중 기독교 전통 안팎에서 탁월한 학자라고 불리는 사람들조차 그러합니다. 우리의 성숙하지 못함은 우리에게 하나님의 어리석음이 결여되어 있음을 의미합니다.

먼저 교회 안에서 편안함을 느끼는 사람들에 대해 생각해 보는 게 좋을 것 같습니다. 교회 안에서 신실하고 활동적인 사람들은 종종 비판하고 의심하면서 아무것도 하지 않은 채 한켠으로 비켜 서 있는 사람들보다 자신들의 성숙에 대해 더 많은 확신을 갖고 있는 듯 보입니다. 물론 우리가 그런 확신이 그 삶과 사유에 있어서 여러 세기 동안 성숙해 온, 또한 그것의 토대가 가장 성숙할 뿐 아니라 그 안에서 하나님의 어리석음이 드러난 인물인 예수 그리스도의 삶에 대한 설명이 된 제도로부터 나온다는 사실을 감안할 때, 우리는 그들이 갖고 있는 그런 확신의 느낌을 이해할 만도 합니다. 그런 공동체에 속하는 것은 그 회원들에게 스스로 성숙했다는 느낌을 제공합니다. 그러나 그들은 성숙한 게 아닙니다. 그리고 프로테스탄트들인 우리는 우리의 교회들조차 성숙했다고 주장해서는 안 됩니다. 그렇다면 누가 성숙한 것입니까?

### 하나님의 어리석음

성숙한 사람은 삶과 사유에 있어서 그의 생래적인 능력에 도달하고 그것을 자유로이 사용할 수 있는 사람입니다. 성숙하게 생각한다는 것은 생각의 종국(終局)에 이르는 것이 아니라, 인간이 자신의 사유의 능력을 자신의 주관하에 사용하는 상태에 이르는 것을 의미합니다. 우리는 그런 상태에 이르도록 요구받고 있습니다. 그러나 우리는 늘 그런 상태에 이르지 못합니다. 기독교인은 물론이고 기독교에 대해 의문을 제기하는 사람들 역시 마찬가지입니다.

교회와 기독교인들은 종종 그들의 생각의 능력을 매장해 버리는데, 이것은 그들이 급진적인 사고는 모든 지혜의 기초를 이루는 하나님의 어리석음과 갈등을 빚는다고 믿기 때문입니다. 그러나 이것은 사실이 아닙니다. 확실히 이것은 성경적 사고에 대해서는 해당되지 않습니다. 오히려 급진적인 사고는 인간의 어리석음, 영적 유아상태, 그리고 무지와 미신과 지적인 부정직함 등과 갈등을 빚을 뿐입니다.

자기들의 인간적인 어리석음을 하나님의 어리석음이라고 부름으로써 정당화하려는 것은 모든 세대의 교회들이 마주하는 유혹입니다. 바로 그것이 그들이 성숙하게 생각하지 못하도록 막는 구실입니다. 그러나 기독교 전체는 하나님의 어리석음이라는 메시지에 기초를 두고 있습니다. 기독교는, 성숙한 생각은 이런 메시지를 받아들이는 것을 통해 용기 있게 그리고 풍성하게 성장할 수 있다는 것을 압니다. 그런 생각이 성장하지 못하도록 가로막는 것은 그 메시지의 수호자들인 교회와 개별적인 기독교인들이 하나님의 어리석음을, 모든 인간적인 지혜가 그러하듯이 어리석음과 혼합되어 있는 지혜가 만들어낸 그릇과 형식들에 가두는 것입니다.

그리고 만약 이런 그릇과 형식들이 파괴되거나 변해서는 안 되는 것으로 선포된다면, 성숙하게 생각하는 길은 막힙니다. 왜냐하면 성숙에 이르는 결정적인 단계는 자기 보호적인 전통과 지도력을 행사하는 권위의 영향하에 있는 영적 유아기 상태로부터 떨어져나가는 모험이기 때문입니다. 권위에 대해 "아니요"(No)라고 말하는 일 없이는 성숙도 없습니다. 그런 "아니요"가 꼭 반항적이거나, 오만하거나, 파괴적일 필요는 없습니다. 그것이 그런 식으로 나타날 때, 그것은 바로 그런 태도 때문에 그것의 미성숙함을 드러냅니다.

### 포기와 부정을 통한 성숙

성숙에 이르는 "아니요"는 근심, 낙담, 죄책감, 그리고 절망적인 내적 투쟁을 통해 경험될 수 있고, 기본적으로 늘 그렇게 경험됩니다. 왜냐하면 전통과 권위의 영향하에 있는 영적 유아기 상태는 인간의 궁극적 관심이라는 고결함을 지니고 있고, 또한 그런 상태에 있는 자들에게 영적 안전감과 원시적 형태의 힘을 제공하기 때문입니다.

그런 상태로부터 떨어져 나오는 것은 어렵습니다. 그리고 성숙한 생각에 이르는 길은 힘든 길임이 분명합니다. 그 길에 선 자들은 많은 것들을 포기해야 합니다. 가령, 어린 시절의 꿈들, 아름다운 상상들, 마음에 품어 왔던 전설들, 선호하던 교리들, 익숙한 규율들과 의례화(儀禮化)된 전통 같은 것들을 말입니다. 그들 중 어떤 것들은 보다 깊은 차원에서 회복되어야 하고, 또 다른 것들은 포기되어야 합니다.

그런 대가에도 불구하고 성숙이 얻어질 수 있습니다. 그것은 어떤 추론에 의해 산출된 것은 아니지만 이성적인, 또한 그와 동시에 지혜의 궁극적 근원이신 하나님의 어리석음에 뿌리를 둔, 씩씩하고, 자기 비판적이며, 설득력 있는 믿음입니다. 교인들에게 그런 길을 보여 줄 뿐 아니라 스스로 그 길을 따를 수 있는 교회는 분명히 이미 성숙한 교회입니다.

그리고 이제 나는 자신이 교회 밖에 있다고 여기는 사람들과, 또한 자신이 교회에 대해 무관심하거나 비판적이거나 적대적이라고, 혹은 심지어 교회를 광적으로 부정하는 편에 속한다고 느끼는 사람들에 대해 말씀드리겠습니다. "성숙하게 생각하라!"는 바울의 말은 교회에게 타당한 것만큼이나 그들에게도 타당합니다.

세속적인 정신에 내포된 사소한 미성숙함들을 다루는 것은 어렵지도 않고 그럴 만한 가치도 없는 일입니다. 그러나 세속적인 정신의 기본적인 미성숙성의 원인을 꿰뚫어보고 단지 자기들이 교회 밖에 있다는 이유만으로 스스로 성숙하다고 믿는 자들에게 바울의 훈계를 적용하는 것은 도전적이며 가치 있는 일입니다. 교회의 대표자들은 마치 성숙한 자들이 미성숙한 자들에게 말하듯이 그들을 부주의하게 비난해서는 안 됩니다. 그 어떤 교회의 대표자도 교회를 동일하게 진지하게 살펴보지 않은 채 세속 세계를 비난해서는 안 됩니다. 그리고 만약 그가 이런 일을 양 방향으로 사랑을 갖고서 행할 수 없다면, 그는 그런 일을 해서는 안 됩니다. 내가 세속적인 정신이 교회를 공격하는 것에 대해 논박하는 것을 좋아하지 않는 이유가 바로 그것 때문입니다. 앞에서 보았듯이, 교회의 자기비판은 그런 공격이 수행할 수 있는 것보다 더 깊은 곳까지 내려갈 수 있습니다.

또한 나는 세속의 정신, 과학, 예술, 사회적 관계들, 기술적 활동들, 그리고 정치가 수행하는 창의적인 활동들 중 그 어느 것도 비난하고 싶지 않습니다. 그런 분야들에는 나름의 기준이 있고, 그 분야의 리더들은 그런 기준들을 엄격하게, 정직하게, 그리고 자기비판적으로 적용하고 있습니다. 이 모든 일에서 세속적인 정신은 성숙합니다. 그리고 종교는 그것에 관여해서는 안 됩니다. 마치 성숙한 과학이 종교적 상징들에 관여하지 말아야 하듯이 말입니다. 왜냐하면 그것들은 경험과 실재의 또 다른 차원에 놓여 있기 때문입니다. 다른 존재들 곁에 있는 하나의 존재로서의 하나님의 실존이나 비실존에 대해

토론하는 것은 양편 모두의 완전한 미성숙성을 드러내는 것입니다. 그것은 신성의 의미와 권능에 대한 완전한 무지를 드러낼 뿐입니다.

### 성숙과 어리석음의 역설

그러나 세속적인 정신은 성숙한 사고에 이르는 길에서 근본적인 방해물을 만납니다. 그것은 자신의 지혜의 기저(基底)에서 발견되는 하나님의 어리석음으로부터 돌아섭니다. 그리고 바로 이것이 그 지혜를, 비록 그것이 세상을 정복하는 일에서 아무리 성공적이라고 할지라도, 인간적으로 어리석은 것으로 만듭니다.

"성숙하게 생각하라"는 말은 교회의 평범한 구성원들에게 만큼이나 위대한 학자들에게도 해당되는 교훈입니다. 왜냐하면 완벽한 두뇌를 갖는 것이 성숙을 보증하지도 않으며, 창의적인 정신을 갖는 것이 성숙을 의미하지도 않기 때문입니다. 하나님의 어리석음에 대한 인식이 결여된 곳에는 성숙[지혜]이 존재하지 않습니다. 그렇다면, 이 명백한 역설이 의미하는 것은 무엇입니까?

이런 모순은 다른 모든 경험들 사이로 비집고 들어오는

경험, 즉 그런 경험들을 뒤흔들고, 그것들을 새로운 방향에로 돌려놓고, 그것들이 그것들 자신을 초월하게 만드는 경험으로부터 발생합니다. 그것은 궁극적이고, 그 의미에 있어서 다함이 없고, 그 존재에 있어서 접근할 수 없고, 그 능력에 있어서 정복될 수 없는 무언가에 대한 경험입니다. 우리는 그것을 "거룩한 것", "영원한 것", "신적인 것"이라고 부를 수 있습니다. 그것은 모든 이름을 초월합니다. 왜냐하면 그것은 이름을 가진 모든 것 안에, 나와 당신 안에 현존하기 때문입니다. 만약 우리가 그것에 대해 말한다면, 우리는 말할 수 없는 것에 대해 말하는 셈입니다.

그럼에도 우리는 그것에 대해 말해야 합니다. 왜냐하면 그것은 우리 자신보다 우리와 더 가까이 있기 때문입니다. 그러나 그것은 가장 멀리 있는 은하수들보다도 우리에게서 멀리 있습니다. 그런 경험은 모든 경험들 중에서도 가장 인간적인 경험입니다. 우리는 그것을 덮거나 억누를 수는 있지만, 결코 완전하게 그럴 수는 없습니다.

그것은 우리의 안전부절 못하는 마음 안에서, 자기 자신의 가치에 대한 근심어린 의문 안에서, 자신의 삶의 의미의 상실에 대한 두려움 안에서, 공허감과 죄책감 그리고 우리가 언젠가는 죽어야 한다는 사실에 대한 근심 안에서 모습을 드러냅니다. 신화와 시와 인간의 철학은 모든 곳에서 이런 경험을 드러냅니다. 그것들은 인간의 마음과 우리의 세계의 깊은 곳에 묻혀 있는 것들에 대해 증언합니다. 그러나 때로 그것들은 폭발적인 힘을 발휘해 세상의 표면으로 뚫고 나옵니다.

자신과 자신의 경험에 대해 의심해 보지 않은 그 어떤 예술가도, 철학자도, 혹은 철학자도 성숙한 사람이 아닙니다. 자신의 실존의 의미에 대해 질문을 제기해 보지 않은 그 어떤 학자도 인간적으로 성숙한 학자가 아닙니다. 자신의 학문적 활동에 있어서 아무것도 당연한 것으로 여기지 않으나 여전히 학자로서 자신의 존재와 인간으로서 자신의 존재를 당연한 것으로 여기는 학자는 성숙한 사람이 아닙니다.

### 믿음

그러나 만약 그가 자신의 실존의 문제에 압박을 받아 그 문제를 한켠으로 미뤄두지 못한다면, 그는 하나님의 어리석음에 사로잡힐 준비가 되어 있는 셈입니다. 더 나아가 그는 이미 그것에 사로잡혀 있는 셈입니다. 그는 그의 일상적 삶의 안전한 합리성 밖으로 내쫓깁니다. 그는 전에는 의식하지 못했던 자기 안에 있는 "깊이"(depth), 즉 위험과 약속 그리고 어두움과 기대라는 깊이와 마주해야 합니다. 그리고 그는 자기가 자기 안에서 발견하는 것이 자신의 세상에 반영되어 나타나는 것을 봅니다. 그것은 그가 자기 안에서 발견하기 전까지는 감추어져 있었던 깊이입니다.

이제 그는 다른 이들 안에서, 살아 있는 모든 것들 안에서, 온 우주 안에서 그것을 인식합니다. 그리고 만약 그가 자기 안에서 자각한 그 질문들에 대한 해답들을 받는다면, 그는 그것들에 귀를 기울일 수 있습니다. 일상적 언어에 비추어 본다면 그런 해답들이 갖고 있는 어법과 형식이 황홀하고 역설적인 것처럼 보일지도 모르지만 말입니다. 그렇게 수용된 해답들이야말로 "믿음"(faith)이 뜻하는 것입니다. 그것들은 신성한 어리석음처럼 보입니다. 그러나 그것들은 진리의 능력으로 무장하고 있습니다. 그러나, 만약 그것들이 평범한 합리성의 수준에서 공격이나 옹호를 받는다면, 그것들은 수용되든 거부되든 참되지 않고, 무의미하고, 어리석은 것으로 보이고 맙니다.

하나님의 어리석음과 그것에 의해 창조되는 삶의 이름은 "사랑"입니다. 사랑은 하나님의 어리석음의 능력 아래에서 살아가는 삶입니다. 사랑은 황홀하고 역설적입니다. 그것은 삶의 평범한 방식들 사이로 비집고 들어와 그런 방식들을 보다 높은 차원으로 고양시킵니다. 그러나 만약 그것이 도덕적 합리성이라는 수준에서 공격이나 옹호를 받는다면, 그것은 감정적이고, 공상적이고, 비실제적인 것이 되고 맙니다.

하나님의 어리석은 생각과 하나님의 어리석은 삶은 성탄절의 상징 속에서 결합됩니다. 그 상징은 젖먹이 안에 계신 하나님, 즉 젖먹이로서의 하나님이며, 그 상징은 성금요일의 상징인 저주받은 종 안에 계신 하나님, 즉 저주받은 종으로서의 하나님을 예기하고 준비합니다. 확실히 이런 상징은 황홀경적이고 역설적입니다. 그리고 그것은 하나님과 인간의 화학적 결합이라는 수준으로 끌려 내려와서는 안 됩니다. 오히려 그것은 지혜의 근원이자 성숙의 능력인 하나님의 어리석음에 대한 표현으로 이해되고 경험되어야 합니다. 성숙하게 생각하십시오. 그리고 사랑 안에서 성숙하십시오!

# 15

# 지혜에 관하여

10여호와를 경외하는 것이 지혜의 근본이요 거룩하신 자를 아는 것이 명철이니라

잠언 9:10

**기독교의 설교와 가르침에서** "지혜"(wisdom)라는 단어가 거의 사라진 것은 심각한 상실이라고 할 수 있습니다. 물론 지금도 여전히 그 단어는 일반적인 의미와 철학적인 의미 모두로 사용되고 있습니다. 그러나 그 단어의 원래의 의미와 능력은 사라졌습니다. 지혜는 젊은이들에게는 아무런 관심의 대상도 되지 않는 "노년의 미덕"으로 간주되고 있습니다. 또

한 그것은 "미덕"이라는 오래된 단어만큼이나 우스꽝스러운 것이 되고 말았습니다.

우리는 경험과 통찰과 지식에 대해 말합니다. 참으로 그것들은 지혜와, 또는 종종 지혜의 일부와 관계되어 있습니다. 그러나 그것들 중 아무것도 지혜 자체가 아닙니다. 지혜는 그런 것들보다 큽니다. 그것은 인간의 의식적인 삶의 모든 시기에 모든 인간과 깊이 상관이 있는 위대한 것들 중 하나입니다. 지혜는 노년에 국한되지 않습니다. 그것은 젊은이들에게서도 동일하게 발견됩니다. 그리고 삶의 노년에 이르러서도 바보 같은 이들이 있습니다. 이 시간에 내가 바라는 것은 특별히 젊은이들에게, 그리고 자기들의 삶과 관련해 현명한 결정을 해야 하는 사람들에게 지혜의 의미와 위대성에 대해 말씀드리는 것입니다.

### 지혜의 의미

지혜의 의미를 이해하려면 우리가 그들의 말을 우리를 위한 교훈으로 삼고 있는 이들이 지혜를 바라보았던 넓이와 깊이 안에서 그것을 바라보아야 합니다. 구약 성경과 신약 성경에는 지혜의 영광에 대한 많은 말들이 나옵니다. 또한 우리는 여러 종교들에서 지혜에 대한 찬양과 열정적인 추구를 찾아볼 수 있습니다. 지혜는 인간과 가까이 있습니다. 그것은 모든 인간의 영적 삶 속에 존재합니다. 또한 그것은 인간에게뿐 아니라 우주 안에도 존재합니다. 우주는 지혜의 현존 안에 있는 하나님의 능력에 의해 창조되었기 때문입니다.

그것이 잠언서 기자와 욥기를 쓴 시인의 관점입니다. 잠언서에 따르면, 지혜(Wisdom)는 세상이 창조되기 전에 하나님 곁에 있었습니다. 지혜는 "[여호와께서] 땅의 기초를 정하실 때에 내가 그 곁에 있어서 창조자가 되어"(잠 8:29-30)라고 말합니다. 또한 욥기의 저자는 말합니다. "하나님이 그 길을 아시며 있는 곳을 아시나니 이는 그가 땅 끝까지 감찰하시며 온 천하를 살피시며 바람의 무게를 정하시며 물의 분량을 정하시며 비 내리는 법칙을 정하시고 비구름의 길과 우레의 법칙을 만드셨음이라 그 때에 그가 보시고 선포하시며 굳게 세우시며 탐구하셨고"(욥 28:23-27). 이런 말들의 의미는 하나님은 그분 곁에서 하나의 독립적인 능력으로 존재하는 지혜를 살피신 후 그 안에서 발견하신 것을 따라 세상을 지으셨다는 것입니다. 우주의 모든 부분은 지혜가 구체화된 것입니다.

몇 주 전에 나는 몇 사람의 유명한 천문학자, 물리학자, 그리고 생물학자들과 대화를 나눴는데, 그때 그들을 통해 이런 비전을 확인할 수 있었습니다. 그들은 자기들이 우리의 세상에 대한 지식을 증가시킴으로써 우주의 구조 안에 있는 영원한 지혜에 대한 인식을 증가시켜 왔다는 그들의 확신을 열정적으로 표명했습니다. 그들은 지혜 없는 지식을 제공하는 과학과 자연에 대한 인간의 지식을 통해 빛을 발하는 하나님의 지혜를 부인하는 신학을 거부했습니다.

인류에게 처음으로 과학적 연구 방법론이 소개된 것은 중세가 절정에 이르렀던 13세기 때였습니다. 그런데 그 무렵에 어느 날카로운 관찰자가 다음과 같은 예언적인 말을 했습니다. "새로운 방법론으로 인해 과학은 증대되겠지만 지혜는 쇠퇴할 것이다." 그에게 지혜는 삶과 세상을 결정하는 원리에 대한 이해였습니다. 그는 옳았습니다. 과학은 지혜를 정복했고, 지식이 통찰을 대체했으니 말입니다. 여러 세기를 거치면서 지혜 없는 지식이 내적인 그리고 외적인 자기파괴를 낳는다는 사실은 점점 더 분명해졌습니다.

오늘날 젊은 세대의 건강함은 그들이 지혜 없는 지식의 공허함을 경험해 왔고, 또한 그 공허함을 격렬하게 표명해 왔다는 사실로 인해 증명됩니다. 어떤 사실의 의미를 이해하지도 못하면서 그것에 대해 배우는 것에 대해 불만을 느끼는 이들은 우리의 학문 공동체와 국가 공동체 안에서 매우 중요한 사람들입니다. 그들이 그런 느낌을 표현하는 것을 그치지 않기를 바랍니다! 그들이 우리 늙은이들로 하여금 그들의 말에 귀를 기울이게 하기를 바랍니다! 만약 지식과 학문에 대한 그들의 경멸이 그들의 불만의 특징을 이루지만 않는다면, 우리는 그들의 말에 귀를 기울여야 합니다. 그리고 우리에게 주어진 모든 것을 갖고서 그들이 지혜에 이르도록 도와야 합니다.

### 지혜의 신비

지혜를 발견하기는 쉽지 않습니다. 그것은 우주의 모든 부분에 존재함에도 여전히 하나님의 신비로 남아 있습니다. 문학을 통해 지혜가 칭송을 받는 모든 곳에서는 그 신비가 인식됩니다. 욥기의 저자는 다음과 같이 묻습니다. "그런즉 지혜는 어디서 오며 명철이 머무는 곳은 어디인고 모든 생물의 눈에 숨겨졌고 공중의 새에게 가려졌으며 멸망과 사망도 이르기를 우리가 귀로 그 소문은 들었다 하느니라"(욥 28:20-22).

이것은 지혜는 인간의 가능성이 아니라는 것을 의미합니다. 지혜에 대한 찬양은 인간과 그의 능력에 대한 찬양이 아닙니다. 인간 실존의 한계선이라고 할 수 있는 멸망과 사망만이 지혜를 가리킬 수 있습니다. 하지만 그것들조차 지혜를 제공하지는 못합니다. 시인은 그것들이 멀리서 지혜에 대해 들었을 뿐이라고 말합니다. 지혜는 지적 능력의 문제가 아닙니다. 합리성은 지혜가 아닙니다. 사망이 생명보다 지혜에 관해 더 많은 것을 말하기는 하나, 그것조차 해답을 갖고 있지 않습니다.

어째서 지혜는 존재하는 모든 것을 통해 드러남에도 불구하고 그렇게 숨어 있는 것입니까? 그것은 살아 있는 모든 것 안에는 서로 갈등하는 두 개의 힘이 존재하기 때문입니다. 하나는 창조적인 힘이고, 다른 하나는 파괴적인 힘입니다. 그리고 그 둘 모두 동일한 신적 근거로부터 나옵니다. 욥기는 다음과 같이 말합니다. "지혜와 권능이 하나님께 있고 계략과 명철도 그에게 속하였나니 그가 헐으신즉 다시 세울 수 없고 사람을 가두신즉 놓아주지 못하느니라 … 능력과 지혜가 그에게 있고 속은 자와 속이는 자가 다 그에게 속하였으므로 모사를 벌거벗겨 끌어가시며 재판장을 어리석은 자가 되게 하시며 … 권력이 있는 자를 넘어뜨리시며 충성된 사람들의 말을 물리치시며 늙은 자들의 판단을 빼앗으시며 … 민족들을 커지게도 하시고 다시 멸하기도 하시며 … 만민의 우두머리들의 총명을 빼앗으시고 그들을 길 없는 거친 들에서 방황하게 하시며 빛 없이 캄캄한 데를 더듬게 하시며 취한 사람

같이 비틀거리게 하시느니라"(욥 12:13-25).

아무도 이것이 삶의 참 모습임을 의심하지 않습니다. 그러나 우리의 시인은 이 모든 것 뒤에 하나님의 지혜라는 신비가 놓여 있다는 것을 압니다. 지혜는 창조인 동시에 파괴입니다. 그것은 구약 성경이 도달한 가장 심원한 통찰입니다. 그런 통찰이 없었더라면 신약 시대의 사람들은 그들이 그리스도라고 불렀던 분의 십자가 사건을 견뎌내지 못했을 것입니다. 그것이 없었더라면 바울은, 이방인들을 위해 아픈 마음으로 자신의 조국을 거부하는 말을 한 직후에 "깊도다 하나님의 지혜와 지식의 풍성함이여"(롬 11:33)라고 말하지 못했을 것입니다. 지혜와 신비는 서로를 배제하지 않습니다. 삶의 신비와 갈등 안에서 지혜를 보는 것이야말로 지혜입니다.

### 지혜에 이르는 길

그러나 이제 우리는 묻습니다. "누가 그런 지혜를 가질 수 있는가?" 잠언서에서 지혜는 다음과 같이 말합니다. "내가 그 곁에 있어서 창조자가 되어 날마다 그의 기뻐하신 바가 되었으며 항상 그 앞에서 즐거워하였으며 사람이 거처할 땅에서 즐거워하며 인자들을 기뻐하였느니라 아들들아 이제 내게 들으라 … 대저 나를 얻는 자는 생명을 얻고 여호와께 은총을 얻을 것임이니라 그러나 나를 잃는 자는 자기의 영혼을 해하는 자라 나를 미워하는 자는 사망을 사랑하느니라"(잠 8:30-36).

지혜를 갈망하거나 경멸하는 것은 삶과 죽음의 문제입니다. 우리는 그 단어의 평범한 의미에서 "지식"(knowledge)에 대해서는 결코 이런 말을 할 수 없습니다. 많이 배운 자들이라도 그들의 지식 때문에 생명을 얻지는 못합니다. 누군가가 아는 것이 거의 없고 배우려고 하지도 않을지라도, 그것이 곧 그들이 사망을 사랑한다는 의미는 아닙니다. 그러나 지혜는 삶과 죽음의 문제입니다. 왜냐하면 지혜는 지식 이상이기 때문입니다. 그것은 지식과 결합될 수 있습니다. 그러나 또한 그것은 홀로 존재할 수도 있습니다. 그것은 학문적 노력을 통해 도달할 수 없는 차원에 속해 있습니다. 그것은 우리의 삶의 의미, 그것의 갈등과 위험, 그것의 창조적이고 파괴적인 힘들, 그리고 그것이 거기서 오고 거기로 돌아가야 하는 근거에 대한 통찰입니다.

그러므로 지혜의 교사들은 우리에게 지혜를 얻기 위한 첫 단계가 하나님에 대한 두려움과 거룩한 것에 대한 인식이라고 말합니다. 이런 말은 오해되기가 십상입니다. 이런 말은 두려움을 불러일으키는 신에 대한 복종을 명령하는 게 아닙니다.

이런 말은 우리에게 신에 대한 교리를 받아들이라고 충고하는 게 아닙니다. 그런 명령과 충고는 우리를 지혜로 이끌기는커녕 오히려 그것으로부터 멀어지게 합니다. 그러나 우리의 본문은 지혜는 거룩한 것, 즉 경외감을 불러일으키고 평범한 생활방식과 사고방식을 뒤흔드는 것과의 만남이 없이는 존재할 수 없다고 말합니다.

삶의 신비 앞에서 경외감을 느끼는 경험 없이는 그 어떤 지혜도 얻을 수 없습니다. 지혜로부터 가장 멀리 있는 사람은 쾌락과 권력에 대한 갈망에 의해 내몰리는 사람들이 아니라, 거룩한 것과 마주한 적이 없고 경외감을 갖고 있지 않으며 신령한 것에 대해 아무것도 알지 못하는, 그럼에도 자신들의 탁월한 지성의 수행을 통해 자신들의 궁극적인 공허감을 감출 수 있는 사람들입니다. 우리의 학문적이거나 비학문적인 공동체 안에서 굉장한 역할을 하는 많은 사람들의 지식을 통해서는 그 어떤 지혜도 나타나지 않습니다. 하나님이 세상을 창조하시면서 살피셨던 영원한 지혜는 오히려 그들을 "바보"라고 부릅니다.

### 한계와 유한성에 대한 인식

삶의 신비와 마주했던 자는 지혜의 근원에 도달한 셈입니다. 그는 경외감과 갈망을 갖고서 그 신비와 마주하면서 자신의 존재의 근거와 자신 사이의 무한한 거리를 경험합니다. 그는 무한한 것 앞에서 자신의 한계와 유한성을 경험합니다. 그는 자신의 한계를 받아들이는 것이야말로 지혜를 향한 결정적인 단계임을 배웁니다. 바보는 자신의 유한성에 의해 설정된 그 한계에 도전합니다. 그는 자신이 힘과 지식에 있어서 무한하기를 바랍니다. 그러나 현명한 자는 자신의 유한성을 받아들입니다. 그는 자신이 하나님이 아니라는 것을 압니다.

인류의 모든 문헌들은 이런 사실에 대해 증언합니다. 지혜는 한계에 대한 시인이며, 삶의 모든 관계에 있어서 올바른 잣대에 대한 인식입니다. 그러나 이렇게 말할 때 우리는 지혜의 의미에 대한 한 가지 위험한 왜곡과 맞서야 합니다. 그 왜곡이란 지혜를 실리적 입장에 서서 급진적인 결단을 속물적으로 회피하고, 약삭빠르게 타협하고, 빈틈없이 계산하는 것과 혼동하는 것입니다. 그런 태도는 거룩한 것과의 두려움을 불러일으키는 만남을 통해 우리에게 다가오는 지혜와는 거리가 멀어도 한참 멉니다.

다만 우리는 모든 시대와 문화가 그들 안에서 지혜를 인식했던 위대한 인물들, 즉 그들의 나라에 새로운 법을 제공했던 사람들, 대륙들에게 새로운 삶의 방식을 가르쳤던 사람들, 풍성한 것을 갖고 돌아오기 위해 자연의 사막과 영혼의 사막으로 물러났던 사람들을 바라볼 필요가 있습니다. 그들 중 아무도 도중에 멈추지 않았습니다. 그들은 광야에서 새로운 길을 찾아야 했습니다.

우리는 늘 급진적인 결단을 회피하고 주어진 상황에 적응하는 사람들, 다시 말해, 늘 사회에서 수용되는 견해들을 수용하는 순응주의자들 안에서 지혜를 찾으려 해서는 안 됩니다. 지혜는 인간의 자녀들을 사랑합니다. 그러나 지혜는 어리석음을 통해 지혜에 이르는 자들을 좋아하고, 어리석음과 지혜 모두와 동일하게 거리를 유지하는 자들을 싫어합니다. 지혜는 그런 자들이야말로 "바보들"이라고 말합니다. 왜냐하면 그들은 삶의 신비와의 만남에 의해 흔들려 본 적이 없으며, 따라서 결코 하나님의 지혜의 역사 안에 있는 창조와 파괴의 결합을 보지 못하기 때문입니다.

그러나 그런 지혜의 역사를 인식하고 그것에 의해 지혜로워진 사람들 안에서는 종종 부자연스러운 한계들이 큰 고통을 동반하며 깨집니다. 그리고 참된 한계들, 즉 참된 기준들이 발견됩니다. 인간에게 지혜가 다가올 때 바로 그런 일이 일어납니다. 그러므로 지혜는 모든 사람들에게 찾아오는 것이지 배운 사람들에게만 찾아오는 게 아닙니다. 종종 당신은 아주 평범한 사람들 사이에서 수수하지만 놀라운 지혜를 발견할 수 있습니다. 당신과 더불어 살아가는 사람들, 당신과 함께 일하는 사람들, 그리고 사람들로 붐비는 거리에서 만나는 낯선 이들 중에 지혜로운 사람들이 있을 수 있습니다. 어머니들과 외로운 여인들 안에, 어린아이들과 청소년들 안에, 목동(牧童)들과 택시 기사들 안에 지혜가 있을 수 있습니다. 그리고 때로는 많이 배운 사람들 안에도 지혜가 있을 수 있습니다. 그들은 모두 그들의 한계와 유한성을 창조적으로 받아들임으로써 그들의 지혜를 입증합니다.

그러나 그 누가 자신의 유한성을 받아들일 수 있습니까? 그 누가 자신이 인생의 무상함과 질병과 죽음에 의해 위협받고 있다는 사실을 받아들일 수 있습니까? 그 누가 살아 있는 존재의 깊은 근심을 쾌락이나 여러 가지 활동을 통해 숨기는 일 없이 자기의 것으로 여길 수 있습니까?

삶의 신비를 강력하게 묘사하는 욥기에서 그런 질문이 제기됩니다. 그리고 그 질문에 대해 한 가지 해답이 주어지는데, 그것은 그 말의 평범한 의미에서 본다면 해답이라고 할 수도 없습니다. 인간은 짙은 어두움과 한없는 깊이를 지닌 영원한 지혜와의 대면을 통해서만 자신의 유한성이라는 곤궁을 받아들일 수 있습니다. 설령 그것이 욥의 그것처럼 극단적인 것일지라도 말입니다. 우리는 두려워하면서 삶의 궁극적 신비를 대면하는 과정에서 이루어지는 거룩한 것과의 만남을 통해 삶의 또 다른 차원을 경험하게 되는데, 그것은 우리에게 자신의 한계를 받아들이고 또한 그렇게 함으로써 지혜롭게 되기 위한 용기와 강함을 제공합니다.

### 궁극적인 지혜

지혜에 관한 문헌들에는 우리의 일상생활을 위한 여러 가지 특별한 규율들이 들어 있습니다. 성경은 그런 것들로 가득 차 있습니다. 그러나 그런 규율들 모두는 거룩한 것과의 만남에 의해 지배된다는 점에서 서로 관련되어 있습니다. 이런 통찰에 비추어 우리의 일상생활에서 나타나는 지혜에 대해 살펴봅시다.

지혜는 자신들의 권위의 한계를 알기에 처음에는 우상이 되었다가 나중에는 부서진 우상이 되려고 하지 않는 부모들 안에 존재합니다. 지혜는 자신들의 독립의 한계를 알기에 부모에게 반항할 때조차 그런 한계에 대한 인식 위에서 행동하는 자녀들 안에 존재합니다. 지혜는 진리와 자신의 학생들을 다룸에 있어서 자신의 한계를 인식하기에 과연 자기가 전하는 지식을 통해 지혜가 빛을 발하는지를 거듭해서 묻는 교사들 안에 존재합니다. 지혜는 자기들이 공부하는 것이 무엇이든 그 뒤에 있는 원리들과 그것들이 자신들의 삶에 대해 갖는 의미에 대해 질문하는 학생들 안에 존재합니다. 모든 배움의 한계와 사랑이 지식보다 우월함을 깨닫는 사람들은 지혜롭습니다. 여성들을 만날 때 남성으로서 자신들의 감정적·지적 한계를 인식하는 남성들은 지혜롭습니다. 남성들을 동일한 인간의 다른 축으로 받아들임으로써 자신들의 유한성을 인정하는 여성들은 지혜롭습니다. 그리고 만약 그들이 근심이나 적대감이나 학대나 부정직함이 없이, 그러나 영원한 것에 대한 인식에 근거한 사랑의 힘을 갖고 서로를 받아들인다면, 그들은 모두 지혜를 드러내게 됩니다.

가장 큰 지혜는 우리의 유한성을 받아들이기가 가장 고통스러운 곳에서, 즉 우리의 실패와 잘못 그리고 우리의 어리석음으로 인한 죄책 등에서 가장 크게 요구됩니다. 우리가 자신이 하는 일에서의 총제적인 실패를 인정하기는 어렵습니다. 또한 우리가 우정이나 결혼 관계에서 자신이 사랑하는 이들을 잘못 판단했음을 시인하는 것도 어렵습니다. 우리의 마음보다 큰 영원한 것을 바라보지 않은 채 자신이나 다른 사람들에게 죄책을 고백하는 것은 인간적으로 불가능합니다. 그러나 그런 고통을 통해 얻은 지혜를 지닌 사람은 아무것도 – 심지어 실패나 잘못이나 죄책까지도 – 자기를 하나님과 함께 있는 영원한 지혜로부터 분리시킬 수 없다는 것을 압니다.

우리의 최종적인 지혜는 우리가 자신의 어리석음을 받아들이고 지혜가 완전한 어리석음의 옷을 입고 나타났던 그리스도의 십자가를 바라보는 것입니다. 바로 그곳에서 영원히 하나님과 함께 계시고, 우주 안에 현존하시며, 인간의 자녀들을 사랑하시는 지혜가 온전하게 그 모습을 드러냅니다. 그리고 그것을 바라보고 그것을 수용하는 자들 안에서 신앙과 지혜는 하나가 됩니다.

# 16

# 범사에 감사하라

<sup>16</sup>항상 기뻐하라 <sup>17</sup>쉬지 말고 기도하라 <sup>18</sup>범사에 감사하라

데살로니가전서 5:16-18

**"범사에 감사하라"**(18절). 이것이 우리가 오늘 묵상의 핵심으로 삼고자 하는 말씀입니다. 우리에게 이런 훈계가 필요할까요? "감사합니다"(Thank you)는 우리가 가장 자주 사용하는 말들 중 하나가 아닌가요? 우리는 아주 사소한 도움에도, 친절한 말 한 마디에도, 우리 자신이나 우리의 행동을 칭찬하는 모든 말들에 대해서도 그 말을 사용합니다. 우리는 실제로 감사하든 하지 않든 그 말을 사용합니다. "감사합니다"는 우리가 실제로 그런 감정을 갖고 있든 갖고 있지 않든 사용하는 형식적인 말이 되었습니다. 그러므로 누군가에게 정말로 감사할 때 우리는 아주 크고 강한 단어들을 강조하면서 사용해야 하는 형편이 되었습니다.

목회자든 평신도든 할 것 없이 종교인들의 행동을 관찰하는 사람은 누구나 그들이 그들의 이웃에게만큼이나 자주 하나님을 향해 "감사합니다"라고 말한다는 것을 알게 됩니다. 그러므로 그들이 사람들과 하나님에게 이런 행동을 하는 이유를 묻는 것은 중요해 보입니다. 우리는 어째서 감사하는 걸까요? 감사를 하고 감사를 받아들이는 것은 무엇을 의미할까요? 우리가 우리의 일상생활과 종교생활에서 나타나는 이런 말의 깊이를 이해하고 그것이 갖고 있는 기계적인 피상성을 초월할 수 있을까요? 만약 그것이 가능하다면, "감사합니다"라는 단순한 말은 우리가 우리 자신과 세계 안에서 어떤 존재인지에 대해 많은 것을 알려 줄지도 모릅니다. 또한 우리가 가장 자주 사용하고 가장 오용하는 말들 중 하나가 우리의 존재의 보다 깊은 층(層)에 대한 계시가 될지도 모릅니다.

### 감사의 마음

감사하다고 말하는 것이 늘 단순히 사회적 교제의 한 형식에 불과한 것은 아닙니다. 종종 우리는 실제적인 감사의 느낌에 사로잡힙니다. 그때 우리는 누군가에게 그가 그것을 기대하든 기대하지 않든 감사하다고 말하지 않을 수 없습니다. 때로는 그런 감정이 우리를 압도합니다. 그리고 우리는 자신이 받은 선물에 대해 아주 강한 말로 감사를 표현합니다. 이것은 부정직한 게 아닙니다. 이것은 그 순간에 절실하게 느껴지는 감정에 대한 표현입니다. 그러나 곧 우리는 얼마간 - 아주 많이는 아니지만 약간은 - 공허하고 부끄럽게 느껴집니다!

때로는 우리가 한 순간 누군가에게 넘치는 감사를 느끼는 일이 생길 수 있습니다. 그러나 우리는 어떤 이유로 인해 그 즉시 그에게 감사를 표현할 기회를 얻지 못하고 그 일을 잊습니다. 그리고 결국 감사하다는 말을 못하고 맙니다. 예수님이 치유해 주셨던 열 명의 문둥병자들 중 그분에게 넘치는 감사의 마음을 갖고 있지 않았던 사람은 없었을 것입니다. 그러나 그들 중 오직 한 명만이 그들의 몸을 보였던 제사장들로부터 예수님께 돌아와 감사를 드렸습니다. 그리고 예수님은 그 일로 인해 놀라고 실망하셨습니다.

우리는 감사를 표현하고 싶어 하는 깊은 감정에 사로잡힐 뿐 아니라, 또한 우리가 누군가에게 크든 작든 도움을 주었을 때 그에게서 감사하다는 말을 듣고 싶어 하는 심원한 욕구를 갖고 있습니다. 감사하다는 말을 듣지 못할 때 우리는 일종의 공허감, 즉 감사의 말이나 행동을 통해 채워져야 하는 우리의 내적 존재 한 부분이 비어 있다는 느낌을 갖게 됩니다. 그러나 우리는, 너무 과도한 감사의 표현을 했을 때 부끄러움을 느끼는 것과 마찬가지로, 과도한 감사를 받을 때 불안을 느낍니다. 우리 안에는 그런 감사를 받을 만한 공간이 없기에 우리는 실제로 그렇게 말을 하든 하지 않든 그런 감사를 받기를 거부합니다.

아무런 저항감 없이 감사를 받아들이는 것은 어렵습니다. "천만에요"(You are welcome)이라는 미국식 응답이나 "아이고, 아닙니다"(please)이라는 독일식 응답은 모두 저항 없이 감사를 받아들이는 데 대한 거부를 표현합니다. "그런 말씀 마세요"(Don't mention it)는 감사를 받아들이는 것에 대한 이런 저항을 드러내는 동시에 또한 받아들이는 것을 보여 주는 가장 간단한 표현입니다.

감사를 하고 그것을 받아들이는 단순한 행위와 관련된 이런 불확실성은 우리에게 다른 이들과 우리의 관계 및 우리의 곤경에 대해 무언가를 가르쳐 줍니다. 감사를 하고 그것을 받아들이는 모든 행동에서 우리는 누군가를 받아들이거나 거부하며, 또한 누군가에 의해 받아들여지거나 거부됩니다. 그런 수용이나 거부가 우리 자신에게나 다른 이들에게 늘 인식되는 것은 아닙니다. 그러나 만약 우리가 민감하다면, 우리는 종종 그것을 느낍니다. 그리고 기뻐하거나 슬퍼하면서, 수치스러워하거나 자랑하면서, 그리고 대개는 그런 감정들이 뒤섞인 상태로 그것에 반응합니다.

"감사합니다"라는 단순한 말은 공격이 될 수도 있고 후퇴가 될 수도 있습니다. 그것은 누군가에게 우리 안에 한 자리를 내주는 표현일 수도 있고, 우리 안에서 한 자리를 차지하고자 하는 누군가로부터 자신을 보호하는 성공적인 방법이 될 수도 있습니다. 감사하다는 말은 우리가 감사를 전하는 사람을 완전히 거부하는 것일 수도 있고, 반면에 그와 우리의 마음을 여는 것일 수도 있습니다. 그러나 아마도 대부분의 경우 그것은 우리가 감사의 말을 표하는 사람이 실제로는 우리에게 별 관심의 대상이 아님을 말해 주는 정중한 표현에 불과합니다.

### 감사와 제사

시편 50편은 다음과 같이 노래합니다. "감사로 하나님께 제사를 드리며 … 감사로 제사를 드리는 자가 나를 영화롭게 하나니"(시 50:14, 23). 여기에서 감사의 원래의 의미가 드러납니다. 감사를 드리는 것은 "제사"(sacrifice)입니다. 감사는 제사행위를 통해 표현됩니다. 평범하게 사용되던 가치 있는 것들이 신들에게 바쳐집니다. 그것은 인간은 자신을 창조하지 않았으며, 그에게 속한 것은 아무것도 없으며, 그는 벌거숭이로 세상에 왔다가 벌거숭이로 세상을 떠난다는 사실에 대한 시인입니다. 그가 갖고 있는 것은 그에게 "주어진" 것입니다. 제사행위를 통해 그는 자신이 이런 운명을 인식하고 있음을 표현합니다. 그는 자기에게 주어진 것, 그러나 궁극적으로 그의 것은 아닌 것의 일부를 바칩니다. 감사의 제사를 드리면서 그는 자신의 유한성과 일시성에 대해 증언합니다.

모든 진지한 감사는 제사, 즉 자신의 유한성에 대한 시인을 의미합니다. 진지하게 감사할 수 있는 사람은 자신이 피조물임을 받아들입니다. 또한 그는 그런 받아들임을 통해, 비록 그가 종교를 부인하고는 있을지라도, 사실은 종교적인 사람임을 드러냅니다. 그리고 진정한 감사를 당황스러워하지 않으며 받아들일 수 있는 사람은 성숙한 사람입니다. 그는 다른 사람의 유한성뿐 아니라 자기 자신의 유한성에 대해서도 압니다. 또한 그는 자기와 다른 사람이 상호간에 드리는 감사의 제사가 그들 모두가 피조물이라는 사실을 확증해 준다는 것을 압니다.

### 침묵의 감사

다른 이들에 대한 모든 감사의 표현들에서는 대개 감사의 대상이 분명하게 드러납니다. 적어도 우리는, 비록 종종 우리가 어떻게 감사해야 하는지는 모른다고 할지라도, 자신이 누구에게 그리고 무엇 때문에 감사하는지는 압니다.

그러나 우리가 누구에게 감사해야 할지가 분명하지 않은 상태에서 갖게 되는 감사의 마음도 있습니다. 이것은 우리가 감사의 대상을 알지 못해서가 아니라, 그 대상이 존재하지 않기 때문입니다. 우리는 아주 감사한 마음을 갖습니다. 감사가 우리를 사로잡습니다. 그것은 우리에게 어떤 특별한 일이 일어나서가 아니라, 단지 우리가 존재하기 때문에, 우리가 존재의 영광과 힘에 참여하고 있기 때문에 나타나는 감사입니다.

그것은 기쁨의 무드(mood)입니다. 아니 그것은 어떤 무드 이상이며 일시적인 감정 이상입니다. 그것은 존재의 어떤 상태입니다. 그리고 그것은 기쁨 이상입니다. 그것은 그것이 주어졌다는 감정, 우리가 감사의 제사를 드리지 않고서는 그것을 받을 수 없다는 감정을 포함하는 기쁨입니다. 그러나 우리가 그런 제사를 바쳐야 할 대상이 존재하지 않습니다. 따라서 그것은 우리 안에 "침묵의 감사"(silent gratefulness)라는 상태로 남아 있습니다.

당신은 다음과 같이 물을지 모릅니다. "그런 감사의 대상은 하나님이 아니신가?" 그러나 그것은 수많은 사람들에게, 즉 비기독교인들뿐 아니라 기독교인들에게 그리고 불신자들뿐 아니라 신자들에게 일어나는 일을 설명해 주지 못합니다. 그들은 감사하는 마음을 갖습니다. 그러나 그들은 직접적인 기도의 말을 하면서 하나님께로 돌아서지 않습니다. 그들을 채우는 것은 감사하는 마음 그 자체입니다. 만약 그들이 하나님께 감사의 기도를 드리라는 말을 듣는다면, 그들은 그런 명령이 자신들의 자발적인 감사의 마음을 해치게 되리라고 느낄 것입니다.

우리는 우리 중 많은 이들이 때로 경험했을 수도 있는 이런 마음 상태를 어떻게 생각해야 할까요? 우리는 그것은 하나님 없는 감사이며 따라서 참된 감사가 아니라고 말해야 할까요? 또한 그런 상태의 우리는 바울이 말하는 "하나님을 알되 하나님을 영화롭게도 아니하며 감사하지도 아니하는"(롬 1:21) 이방인들과 같다고 말해야 할까요?

확실히 그렇지 않습니다. 풍성한 감사의 마음은, 비록 말로 그렇게 하지는 않을지라도, 하나님께 영광을 돌리는 것입니다. 자신의 존재로 인해 감사의 마음으로 가득 차 있는 불신자는 이미 불신자이기를 그친 셈입니다. 그의 기뻐함은 "항상 기뻐하라"는 우리의 본문의 권면에 대한 자발적인 순종인 셈입니다.

그러므로 이제 우리는 "항상 기뻐하라 쉬지 말고 기도하라 범사에 감사하라"는 본문의 말씀을 이해할 수 있습니다. 확실히 그것은 절대로 슬픔을 느끼지 말고, 밤낮으로 기도의 언어를 사용해 감사하라는 명령이 아닙니다. 예수님은 우리가 그런 식으로 하나님께 부담을 드리는 것을 종교의 왜곡으로 여기십니다. 그렇다면 이런 권면의 의미는 무엇입니까?

그것은 바로 우리가 "침묵의 감사"라고 부르는 것 – 우리가 그것을 기도를 통해 표현하든 하지 않든 – 을 의미합니다. 우리가 하나님께 그분이 우리를 위해 해주시기를 바라는 것이나 그분이 이미 우리를 위해 하신 일들에 대해 끊임없이 말씀드릴 수는 없습니다. 다만 우리는 늘 그리고 모든 일에서 하나님께 응답해 일어서라는 요구를 받고 있습니다. 우리는 그분에 대한 인식을 그쳐서는 안 됩니다. 물론 그분은 우리가 그것을 의식하든 하지 않든 상관없이 모든 순간에 모든 사람들 안에 창조적으로 현존하십니다. 그러나 우리가 침묵의 감사의 상태에 있을 때, 우리는 그분의 현존을 의식합니다. 그럴 때 우리는 헤픈 감사의 말로는 결코 얻을 수 없는, 그러나 우리가 그것에 대해 마음을 연다면 우리에게 일어날 수 있는 삶의 고양(高揚)을 경험합니다.

### 하나님의 현존에 대한 의식

언젠가 어떤 사람이 "당신은 기도를 합니까?"라는 질문을 받았습니다. 그때 그는 "늘 하죠, 그러나 결코 하지 않습니다"(always and never)라고 대답했습니다. 그의 말의 의미는 그가 하나님의 현존을 의식하고는 있으나 기도와 감사의 말을 사용해 그런 의식을 표현하는 적은 거의 없다는 것이었습니다. 그는 하나님의 현존을 의식하지 않기 때문에 감사를 드리지 않는 사람들에게 속해 있지 않았습니다. 또한 그는 하나님에 대한 인식은 계속해서 그분에게 말을 거는 것을 의미한다고 믿는 사람들에게 속해 있지도 않았습니다. 그는 하나님을 향해 바치는 말들은 고양과 침묵의 감사의 상태로부터 나와야 한다고 생각했습니다.

다른 사람이 "당신은 하나님을 믿습니까?"라는 질문을 받았습니다. 그러자 그는 "잘 모르겠어요. 그러나 만약 내게 아주 좋은 일이 발생한다면, 나는 감사를 바칠 수 있는 누군가가 필요해요"라고 대답했습니다. 그는 첫 번째 사람처럼 감사로 가득 찬 고양의 상태를 경험했습니다. 그러나 그는 직접적인 감사의 말로 자신의 감정을 표현하려는 생각에 사로잡혀 있었습니다. 그는 제사를 바칠 누군가가 필요했던 것입니다. 그 두 사람 모두 우리에게 하나님께 감사한다는 것은 말 없는 고양의 상태이며 또한 하나님께 드리는 말로써 제사를 행하고자 하는 갈망이라는 것을 설명해 줍니다.

이런 두 가지 방식의 사고에서는 두 종류의 하나님과의 관계가 분명하게 드러납니다. 첫째, 그분은 내가 그분께 감사의 말을 전하는 타자(他者)입니다. 둘째, 그분은 나와 다른 모든 이들을 초월하시는 분이며, 내가 말을 전할 수 없는 분이지만, 우리가 침묵의 감사의 상태에 있을 때 우리에게 자신을 드러내실 수 있는 분입니다.

프로테스탄트 종교개혁자들의 위대한 그리고 해방을 초래하는 경험들 중 하나는, 하나님과 우리의 관계는 우리가 하나님을 향한 기도와 감사의 말을 끊임없이 반복하거나 제사나 다른 의식들을 수행하는 것에 달려 있는 것이 아니라, 우리가 교회 안팎에서 수행하거나 말하는 그 무언가 때문이 아니라 하나님께서 우리를 찾으시기 때문에 우리가 하나님께 용납되었다는 기쁜 소식에 대한 응답인 우리 마음의 평온과 기쁨에 달려 있다는 그들의 인식이었습니다.

**감사의 기능**

우리는 무엇에 대해 감사합니까? 감사하는 데 한계가 있을까요? 우리의 본문은 말합니다. "범사에 감사하라!" 이것은 모든 것에 대해 감사하라는 의미가 아니라, 모든 상황에서 감사하라는 의미입니다! 우리가 그 안에서 감사해야 할 상황에는 한계가 없습니다. 그러나 우리가 그것에 대해 감사를 표현할 수 있는 대상들에는 한계가 있습니다. 이런 질문은 그것에 대한 해답이 우리를 인간의 곤경에 대한 새로운 이해에로 이끌어갈 수도 있는 질문입니다.

우리는 바울이 디모데에게 보낸 편지에서 "하나님께서 지으신 모든 것이 선하매 감사함으로 받으면 버릴 것이 없나니 하나님의 말씀과 기도로 거룩하여짐이라"(딤전 4:4-5)라는 말씀을 읽습니다. 이 말씀 속에서 감사는 새로운 기능을 얻습니다. 감사는 그 감사의 대상을 거룩하게 만듭니다. 감사는 세속에 속한 것을 거룩한 것의 영역으로 전달합니다. 세속에 속한 것은 기독교 신앙 안팎의 미신들이 주장하듯이 그 속성이 변화되지는 않습니다. 그러나 그것은 고양되어 하나님을 드러냅니다. 그것은 은혜의 담지자(擔持者)가 됩니다. 그러므로 우리는 매일 음식을 놓고 감사기도를 드리고, 그렇게 함으로써 그것을 거룩하게 합니다.

모든 피조물은 거룩한 것의 담지자, 즉 감사와 성별(聖別)의 대상이 될 수 있습니다. 이런 측면에서 본다면 감사에는 한계가 없습니다. 우리는 우리의 육체적·정신적 능력에 대해, 우리의 의식의 빛뿐 아니라 우리의 무의식의 어둠에 대해, 자연의 풍성함과 역사의 창조에 대해, 그리고 존재하면서 존재의 능력을 드러내는 모든 것들로 인해 감사할 수 있습니다. 비록 세상을 증오하는 금욕주의자들과 광적인 청교도주의자들이 창조의 하나님을 모독하며 그것들을 거부할지라도, 우리는 그 모든 것들로 인해 감사할 수 있습니다.

우리가 선한 양심을 갖고서 감사할 수 있는 모든 것은 우리의 감사로 인해 거룩하게 됩니다. 이것은 단지 심오한 신학적 통찰에 불과한 것이 아니라, 우리가 무언가를 용납해야 할지 아니면 거부해야 할지 확신하지 못하는 상황에서 실제적인 지침이 될 수 있습니다. 만약 우리가 무언가를 용납한 후 그것에 대해 감사할 수 있다면, 우리는 피조물로서의 그것의 선함에 대해 증언하는 것입니다. 그것에 대해 진지하게 감사하는 것을 통해 우리는 그것을 그것이 거기로부터 나온 존재의 거룩한 근원에게 바치는 것입니다. 그리고 그때 우리는 프로테스탄트 기독교인들이 감수했던 위험을 감수합니다ー어쩌면 당시에 그들은 무언가 잘못된 것에 휩쓸려 거부되어야 마땅한 것을 성별하고 있었던 것일 수도 있었습니다.

**거짓 감사**

창조 세계 안에서 감사의 한계는 존재하지 않습니다. 그러나 우리의 삶에는 한계가 있지 않나요? 우리가 우리를 엄습하는 좌절과 사고과 질병에 대해서도 정말로 감사할 수 있을까요? 우리는 그것들이 우리를 붙잡고 있는 순간에는 그럴 수 없습니다. 바로 여기에 경건함이 부정직함으로 변질될 수 있는 여러 가지 상황들 중 하나가 있습니다. 우리가 그런 악한 일들에 저항하는 것은 당연한 일입니다. 우리가 그것들을 제거하기를 원하고, 또한 종종 우리의 운명과 그것의 신적 근거에 대해 분노하는 것 역시 당연한 일입니다.

사실 감사할 것인가 감사하지 않을 것인가 하는 질문 자체가 무의미해지는 육체적·정신적 고통의 심연들이 존재합니다. 시편 기자는 깊은 데서 하나님을 향해 부르짖습니다(시

130:1). 그는 그분에게 감사드리지 않습니다. 그것이 정직한 것이고 현실적인 것입니다. 그것은 하나님의 현존에 대한 인식으로부터 나오는 현실주의입니다. 그리고 나는 우리 모두는 삶의 어느 시기에건 비록 그것이 발생했을 당시에는 분명히 악한 것이었지만 훗날에는 선한 것이 된, 또한 그럼으로써 진정한 감사의 대상이 된 일들을 경험해 보았으리라고 믿습니다.

우리는 우리에게 죄책을 안겨 주기거나 우리를 훌륭한 사람으로 만들어 주는 우리 자신의 행위에 대해서도 감사할 수 없습니다. 우리는 우리에게 죄책을 안겨 준 일에 대해 감사할 수 없습니다. 그리고 때로는 우리가 그것으로 인해 감사했던 것들이 우리 자신의 죄책으로 인해 악한 것이 되기도 합니다.

우리는 우리를 훌륭한 사람으로 만들어 주는 우리 안에 있는 무언가에 대해서도 감사할 수 없습니다. 자신의 선한 행위에 대한 바리새인들의 감사는 감사를 받아서는 안 되는 것에 대한 감사의 현저한 실례입니다. 바리새인들이 자신들의 선함에 대해 감사한 마음을 품었을 때, 그들은 하나님이 아니라 자기 자신에게 감사했던 것입니다. 사실 우리 중 얼마나 많은 이들이 하나님께 감사드리는 체하면서 사실은 자신에게 감사를 합니까! 그러나 우리는 자신에게 감사해서는 안 됩니다. 왜냐하면 감사의 제사는, 만약 그것이 자신에게 바쳐지는 것이라면, 더 이상 제사가 아니기 때문입니다. 우리가 어떤 일을 잘 수행하거나 큰 노력을 통해 성공을 거둔 후 하나님께 드리는 감사의 기도가 사실은 우리 자신에 대한 감사의 은밀한 방법일 때가 있는데, 자신에 대한 그런 감사는 감사가 아닙니다.

**고통 중에 드리는 감사**

마음에 감사에 대한 의문을 갖고서 성경을 읽는 것은, 특히 시편의 마지막 세 편을 읽는 것은 놀라운 경험입니다. 성경에서 우리는 성경 기자들을 포함해 인간의 모든 불행들이 가장 극적으로 서술되는 모든 갈피들이 하나님에 대한 찬양의 말들로 채워지고 있는 것을 발견합니다. 그런 말씀을 읽을 때 우리는 마치 또 다른 세상 속을 걷고 있는 느낌을 받습니다.

우리가 이런 사람들에게 일어나는 일을 우리 자신 안에서 다시 만들어낼 수는 없습니다. 우리는 찬양의 무드 안에 있지 않으며, 감사의 무드 안에는 더욱 그러합니다. 우리 자신의 곤경의 심연을 바라볼 때 우리는 찬양과 감사의 이유를 그다지 발견하지 못합니다. 그리고 설령 우리가 하나님께 감사하는 것이 그분에 대한 우리의 의무라고 생각할지라도, 혹은 우리가 찬양과 감사를 포함하고 있는 예배에 참여하고 있을지라도, 우리는 우리가 자신의 마음 상태를 진실하게 표현했다고 느끼지 않습니다.

비록 이런 경험이 늘 동일한 것은 아니지만, 바로 그것이 우리의 종교적 상황의 주된 특성입니다. 그것은 우리의 최고의 설교가들과 신학자들의 메시지에서 나타납니다. 그것은 우리의 위대한 시인들과 철학자들의 중요한 주제입니다. 우리는 그런 이들을 판단하려 해서는 안 됩니다. 우리 자신이 그들의 일부이기 때문입니다. 그들이 그들의 마음을 드러낼 때 그들은 우리를 드러내는 것입니다. 그리고 우리는 진지하게 그리고 깊은 영적 고통 속에서 그렇게 하고 있는 이들에게 감사해야 합니다.

우리의 상황과 이전 세대들의 상황의 차이는 우리가 초대교회 교인들이 이방신들이 흥왕하고 분열과 절망이 가득 했던 세상에서 기독교 메시지라는 선물을 받은 것에 대해 열정적으로 그리고 강렬하게 감사를 표했던 것에 관해 읽을 때 분명하게 드러납니다. 우리가 그리스도와 그분의 교회라는 하나님의 선물에 대해 감사할 때, 과연 우리 안에 그와 동일한 열정과 강렬함이 있습니까? 이 질문에 대해 누가 정직하게 "예"라고 대답할 수 있습니까?

또한 우리는 종교개혁의 투사들이 죄인들에 대한 하나님의 용납이라는 기쁜 소식을 재발견한 것으로 인해 하나님께 어떻게 감사했는지에 대해 읽을 때 앞의 경우와 동일한 차이를 느끼지 않습니까? 그들 안에 있었던 것과 같은 무한한 관심이 과연 우리 안에 존재합니까? 이 질문에 대해 누가 정직하게 "예"라고 대답할 수 있습니까? 그러므로 우리는 우리의 현재의 상황을 정직하게 표현하고 있는 사람들에게 감사하는 마음을 가져야 합니다.

그러나 한 가지 위로가 되는 것이 있습니다. 그것은 우리가 하나님의 영원하고 활발한 현존에서 분리되어 있지 않으며, 우리가 매순간 그것을 인식할 수 있다는 것입니다. 우리의 마음은 말을 사용하지 않고서도 찬양과 감사로 가득 찰 수 있습니다. 그리고 때로 우리는 찬양과 감사의 말들을 발견하게 될 수도 있습니다. 그러나 그것이 감사의 첫 단계는 아니며, 또한 마지막 단계도 아닙니다.

우리는 "오늘의 종교적 부흥"이라고 불리는 것을 이용해 우리로 하여금 우리가 선뜻 받아들일 수 없는 기도와 감사를 드리게 하거나, 혹은 자기 암시를 통해 기쁨과 감사를 드리게 하는 이들을 따르지 맙시다. 오히려 우리는 매순간 우리의 삶을 지탱해 주는, 지금 여기에 존재하는, 그리고 자연과 그리스도 예수의 메시지를 통해 우리에게 다가오는 능력에 대해 자신을 열어 둡시다. 우리가 그 능력에 대해 자신을 엶으로써 우리 안에 있는 존재의 능력에 대한 침묵의 감사가 우리를 가득 채우기를 바랍니다. 또한 그렇게 함으로써 우리의 입술을 통해 감사의 말, 즉 제사와 성별의 말이 나오고, 그로 인해 다시 우리가 참으로 그리고 정직하게 감사할 수 있게 되기를 바랍니다.

## 기도

전능하신 하나님! 찬양과 감사를 드리며 우리의 마음을 주님께 드립니다. 우리는 스스로 존재하지 않으며 주님이 주신 것 외에는 아무것도 우리의 것이 아니기 때문입니다. 우리는 유한합니다. 우리는 이 세상에 아무것도 가져오지 않았습니다. 우리는 이 세상 밖으로 아무것도 가져가지 못할 것입니다. 주님은 주님의 뜻 안에서 우리에게 생명을 주셨습니다. 우리가 존재를 갖고 있는 것과 삶의 고갈되지 않는 풍요 및 그것의 가장 작고 가장 큰 부분에 참여하고 있는 것으로 인해 주님께 감사드립니다. 우리가 육체와 영혼의 힘을 느끼는 것으로 인해 주님을 찬양합니다. 우리의 마음이 기쁨으로 충만한 것으로 인해 주님께 감사드립니다. 우리는 침묵으로든 말을 통해서든 감사하는 마음으로 주님의 현존을 인식합니다.

우리의 매일의 삶이 우리에게서 주님의 현존을 가릴 때, 또한 우리가 주님이 모든 곳에서 모든 순간에 우리와 얼마나 가까이 계시며, 그 어떤 다른 존재보다도 우리와 얼마나 더 가까이 계시며, 심지어 우리 자신보다 우리와 얼마나 더 가까이 계신지를 잊어버릴 때, 우리에게 주님의 그런 현존을 일깨워 주십시오. 우리가 주님은 우리에게 주신 것들에 존재를 부여하신다는 사실을 잊지 않게 해주십시오. 우리가 창조 뒤에 계신 창조자를 잊지 않게 해주십시오. 우리가 늘 주님께 감사의 제사를 드릴 준비가 되어 있게 해주십시오.

우리의 존재와 우리가 가진 모든 것이 주님의 것입니다. 우리는 그것을 주님께 바칩니다. 우리가 음식과 매일의 삶 속에서 받은 모든 것을 성별하며 식사기도를 드릴 때 우리의 감사를 받아 주십시오. 우리가 주님께 감사드릴 때 공허한 말과 형식을 사용하지 않도록 이끌어 주십시오. 우리가 감히 주님을 향해 말씀을 드릴 때 틀에 박히거나 인습적인 말에서 벗어나게 해주십시오.

길든 짧든 우리의 삶을 살필 때 우리가 그 안에서 만난 모든 것으로 인해 주님께 감사드립니다. 또한 우리가 사랑했던 것과 우리에게 즐거움을 주었던 것 때문만이 아니라, 우리에게 낙심과 고통과 수고를 가져다 주었던 것들 때문에도 주님께 감사드립니다. 왜냐하면 이제 우리는 그런 것들이 우리로 하여금 우리에게 주어진 삶의 목적을 성취하도록 도왔음을 알기 때문입니다. 그리고 만약 새로운 낙심과 고통이 우리를 사로잡고 우리의 입술에서 감사의 말이 끊어질지라도, 우리가 주님께서 우리를 인도하셨던 어두운 길로 인해 주님께 기꺼이 감사드릴 날이 오리라는 것을 상기시켜 주십시오.

우리의 감사의 말은 빈약하고, 때로 우리는 그런 말을 전혀 찾지 못하기도 합니다. 우리가 주님께 아무 말씀도 드릴 수 없었던, 또는 여전히 아무 말씀도 드릴 수 없는 시간들이 존재합니다. 그럴 때 우리에게 힘을 주셔서 우리가 누리는 풍성한 삶에 대해 마음을 열게 하시고, 침묵의 감사 속에서 주님의 불변하시고 영원하신 현존을 경험할 수 있게 해주십시오. 우리 안에서 감사의 말이 희박해질 때, 우리가 침묵으로 드리는 마음의 제사를 받아주십시오. 우리의 침묵의 감사를 받으시고 우리의 마음과 정신이 늘 주님을 향해 열려 있게 해주십시오!

우리는 주님이 이 나라에 허락하신 것-그것은 주님이 다른 나라들에게 주신 선물들을 훨씬 능가합니다-으로 인해 주님께 감사드립니다! 우리가 그것에 대해 늘 감사하는 마음을 갖게 해주십시오. 그래서 우리의 백성들을 위협하고 있는 천박한 삶과 공허한 마음이라는 위험들을 극복할 수 있게 해주십시오. 우리가 주님이 주신 선물들을 상처와 자기 파괴의 원인으로 삼지 않도록 우리를 보호해 주십시오. 우리에게 감사하는 마음을 주셔서 우리가 국가적인 그리고 개인적인 파멸에 떨어지지 않게 해주십시오. 우리를 우리의 존재의 근거이시며 영원한 하나님이신 주님께로 돌이켜 주십시오! 아멘.

## 부록 – 폴 틸리히 연보(年譜)

1886년 8월 22일 베를린 부근의 작은 마을 슈타르체텔에서 루터교회 목사의 아들로 출생
1900년 베를린으로 이사
1904년 베를린 대학
1905년 튀빙겐 대학
1905-7년 할레 대학
1909-11년 다시 베를린 대학 등에서 수학함
1911년 브레슬라우 대학에서 철학박사 학위 취득
1912년 할레 대학에서 신학박사 학위 취득
1913년 브란덴브르크 지방 복음주의 루터교회에서 목사 안수
1914-1918년 종군목사
1919-1924년 베를린 대학 교수
1925-1929년 드레스덴과 라이프치히 대학 교수
1929-1933년 프랑크푸르트 대학 교수
1933-1955년 미국 유니온신학교 교수

    이 기간 중에 그는 1940년에 미국 시민이 되었고, 제2차 대전 후 1948년에는 독일 마브르크와 프랑크푸르트 대학에서, 그리고 1951년에는 베를린 자유대학에서 가르쳤다.

1955-1962년 하버드 대학 특별교수
1962-1965년 시카고 대학 초빙교수
1965년 10월 22일 사망


그의 주요 저서들은 다음과 같다.

- 『개신교의 기원』(*The Protestant Era*), 1948, The University of Chicago Press.
- 『흔들리는 터전』(*The Shaking of the Foundations*), 1948, Charles Scribner's Sons.
- 『조직신학』(*Systematic Theology I, II, III*), 1951-63, University of Chicago Press.
- 『존재의 용기』(*The Courage to Be*), 1952, Yale University Press.
- 『사랑・힘・정의: 존재론적인 분석과 윤리적인 적용』(*Love, Power, and Justice: Ontological Analysis and Ethical Applications*), 1954, Oxford University Press.
- 『성서적인 종교와 궁극적인 실재 찾기』(*Biblical Religion and the Search for Ultimate Reality*), 1955, University Of Chicago Press.
- 『새로운 존재』(*The New Being*), 1955, Charles Scribner's Sons.
- 『신앙의 역동성』(*Dynamics of Faith*), 1957, Harper and Row.
- 『문화의 신학』(*Theology of Culture*), 1959, Oxford University Press.
- 『기독교와 세계 종교의 만남』(*Christianity and the Encounter of the World Religions*), 1963), Columbia University Press.

- 『도덕 그리고 그것을 넘어서』(Morality and Beyond), 1963, Harper and Row, 1995 edition: Westminster John Knox Press.
- 『영원한 지금』(The Eternal Now), 1963, Charles Scribner's Sons.
- 『궁극적 관심: 틸리히와의 대화』(Ultimate Concern: Tillich in Dialogue), 1965, editor D. Mackenzie Brown, Harper & Row.
- 『절대적인 것을 찾아서』(My Search for Absolutes), 1967, posthumous.
- 『그리스도교 사상사: 그것의 유대적이고 헬레니즘적인 기원에서부터 실존주의에 이르기까지』(A History of Christian Thought: From its Judaic and Hellenistic Origins to Existentialism), 1972, Simon and Schuster (edited from his lectures and published posthumously by C. E. Braaten).